Sabor da Itália

Uma Jornada Culinária Autêntica

Marco Rossi

CONTEÚDO

Nhoque de batata e espinafre

Nhoque de batata e espinafre

Rende 6 porções

Embora não seja feito com frequência na Itália, às vezes gosto de servir nhoque com ensopado ou ensopado. Eles absorvem muito bem o molho e são uma boa alternativa ao purê de batata ou polenta. Experimente estes nhoques (sem molho nem queijo) como acompanhamento<u>Rabo de boi refogado à romana</u>qualquer um deles<u>Ensopado de carne Friuli</u>.

11/2 libras de batatas assadas

1 saco (10 onças) de espinafre picado

Sal

2 xícaras de farinha de trigo e mais para modelar o nhoque

1 ovo grande, batido

1/2 xícara<u>Molho de manteiga e sálvia</u>

1 xícara de Parmigiano-Reggiano ralado

1.Coloque as batatas em uma panela grande com água fria até cobrir. Tampe a panela e deixe ferver. Cozinhe até que as batatas estejam macias quando furadas com uma faca, cerca de 20 minutos.

descongelamento. Coloque o espinafre em uma panela grande com 1/2 xícara de água e adicione sal a gosto. Cubra e cozinhe até o espinafre ficar macio, cerca de 2 a 3 minutos. Escorra o espinafre e deixe esfriar. Coloque o espinafre sobre uma toalha e esprema o líquido. Pique o espinafre bem fininho.

3.Enquanto as batatas ainda estão quentes, descasque-as e corte-as em pedaços. Amasse as batatas usando os pequenos furos de um moinho de farinha ou de alimentos ou manualmente com um espremedor de batatas. Adicione o espinafre, o ovo e 2 colheres de chá de sal. Adicione 11/2 xícaras de farinha até incorporar bem. A massa ficará firme.

quatroRaspe as batatas sobre uma superfície enfarinhada. Amasse brevemente, adicionando o restante da farinha necessária para fazer uma massa lisa, apenas o suficiente para que o nhoque mantenha a forma quando cozido, mas não tanto a ponto de ficar pesado. A massa deve ficar ligeiramente pegajosa. Na dúvida, leve uma panela pequena com água para ferver e adicione um pedaço de massa como teste. Cozinhe até que o nhoque suba à superfície. Se a massa começar a amolecer, acrescente mais farinha. Caso contrário, a massa é boa.

5. Deixe a massa de lado por um momento. Raspe a tábua para remover qualquer massa restante. Lave e seque as mãos e polvilhe-as com farinha. Forre uma ou duas formas grandes de bolo e polvilhe-as com farinha.

6. Corte a massa em 8 pedaços. Mantendo a massa restante coberta, enrole um pedaço em uma longa corda com cerca de 3/4 de polegada de espessura. Corte o barbante em pepitas de 1/2 polegada.

7. Para moldar a massa, segure um garfo com uma das mãos com os dentes voltados para baixo. Com o polegar da outra mão, enrole cada pedaço de massa na parte de trás dos dentes, pressionando levemente para fazer ranhuras de um lado e uma reentrância do outro. Disponha o nhoque nos

ramequins preparados. As peças não devem tocar umas nas outras. Repita com a massa restante.

8. Leve o nhoque à geladeira até que esteja pronto para cozinhar. (O nhoque também pode ser congelado. Coloque as assadeiras no freezer por uma hora ou até ficar firme. Coloque o nhoque em um saco plástico grande e resistente. Congele por até um mês. Não descongele antes de cozinhar.)

9. Prepare o molho. Para cozinhar o nhoque, leve uma panela grande com água para ferver. Adicione sal a gosto. Reduza o fogo para que a água ferva ligeiramente. Coloque cerca de metade do nhoque na água. Cozinhe por cerca de 30 segundos depois que o nhoque subir à superfície. Retire o nhoque da frigideira com uma escumadeira e escorra bem os pedaços.

dez Prepare um prato plano aquecido. Despeje uma fina camada de molho picante na tigela. Adicione o nhoque e mexa delicadamente. Cozinhe o nhoque restante da mesma maneira. Despeje mais molho e polvilhe com queijo. Servir quente.

Nhoque de frutos do mar com molho de tomate e azeitona

Nhoque de peixe com molho de azeitonas

Rende 6 porções

Na Sicília, o nhoque de batata às vezes é temperado com linguado ou outro peixe delicado. Sirvo com molho de tomate levemente picante, mas um molho de manteiga e ervas também ficaria delicioso. Nenhum queijo é necessário nesta massa.

1 libra de batatas assadas

11/4 xícara de azeite

1 cebola pequena, finamente picada

1 dente de alho

12 onças de filé de linguado ou outro peixe branco delicado, cortado em pedaços de 5 cm

11/2 xícara de vinho branco seco

Sal e pimenta preta moída na hora

1 ovo grande, batido

Cerca de 2 xícaras de farinha de trigo

Curativo

1 1/4 xícara de azeite

1 cebolinha picada

2 filés de anchova

1 colher de sopa de pasta de azeitona preta

2 xícaras de tomates frescos descascados, sem sementes e cortados em cubos ou tomates italianos importados em lata, escorridos e cortados em cubos

2 colheres de sopa de salsa fresca picada

Sal e pimenta preta moída na hora

1. Coloque as batatas em uma panela com água fria para cobri-las. Deixe ferver e cozinhe até ficar bem macio quando furado com uma faca. Escorra e deixe esfriar.

descongelamento. Em uma frigideira média, refogue a cebola e o alho no azeite por 5 minutos em fogo médio, até a cebola ficar macia. Adicione o peixe e cozinhe por 1 minuto. Adicione o vinho, sal e pimenta a gosto. Cozinhe até que o peixe esteja macio e a maior parte do líquido tenha evaporado, cerca de 5 minutos. Deixe esfriar e depois raspe o conteúdo da panela em um processador de alimentos ou liquidificador. Reduza para um purê homogêneo.

3.Cubra panelas grandes com papel alumínio ou filme plástico. Passe as batatas por um moedor de alimentos ou mamona e coloque-as em uma tigela grande. Adicione o purê de peixe e o ovo. Aos poucos, adicione farinha e sal a gosto para fazer uma massa levemente pegajosa. Amasse brevemente até ficar homogêneo e bem combinado.

quatroDivida a massa em 6 pedaços. Mantendo a massa restante coberta, enrole um pedaço em uma longa corda com cerca de 3/4 de polegada de espessura. Corte o barbante em pedaços de 1/2 polegada de comprimento.

5.Para moldar a massa, segure um garfo com uma das mãos com os dentes voltados para baixo. Com o polegar da outra mão, enrole cada pedaço de massa na parte de trás dos dentes, pressionando levemente para fazer ranhuras de um lado e uma reentrância do outro. Disponha o nhoque nos ramequins preparados. As peças não devem tocar umas nas outras. Repita com a massa restante.

6.Leve o nhoque à geladeira até que esteja pronto para cozinhar. (O nhoque também pode ser congelado. Coloque as assadeiras no freezer por 1 hora ou até ficar firme. Coloque o nhoque em um saco plástico grande e resistente. Congele por até 1 mês. Não descongele antes de cozinhar.)

7.Para o molho, misture o azeite com as cebolinhas em uma frigideira grande. Adicione os filés de anchova e cozinhe até que as anchovas se dissolvam, cerca de 2 minutos. Adicione a pasta de azeitona, o tomate e a salsa. Tempere com sal e pimenta e cozinhe até o suco de tomate engrossar levemente, 8 a 10 minutos. Despeje metade do molho em uma tigela grande e quente para servir.

8.Prepare o nhoque: leve uma panela grande com água para ferver. Adicione sal a gosto. Reduza o fogo para que a água ferva ligeiramente. Coloque cerca de metade do nhoque na água. Cozinhe por cerca de 30 segundos depois que o nhoque subir à superfície. Retire o nhoque da frigideira com uma escumadeira e escorra bem os pedaços. Coloque o nhoque em uma tigela. Cozinhe o nhoque restante da mesma maneira. Adicione o molho restante e mexa delicadamente. Sirva imediatamente.

Nhoque verde com molho rosa

Nhoque Verdi em Salsa Rossa

Rende 6 porções

Comi estas almôndegas pela primeira vez em Roma, embora sejam mais típicas da Emília-Romanha e da Toscana. São mais leves que o nhoque de batata, e os vegetais picados dão-lhes uma textura rasa para que você não precise modelar as almôndegas com um garfo. Para variar, experimente borrifá-los com Molho de manteiga e sálvia.

3 xícaras molho rosa

1 libra de espinafre, caules removidos

1 libra de acelga suíça, caules removidos

1 1/4 xícara de água

Sal

2 colheres de sopa de manteiga sem sal

1 1/4 xícara de cebola picada

1 quilo de ricota inteira ou parcialmente desnatada

2 ovos grandes

11/2 xícara de Parmigiano-Reggiano ralado

11/4 colher de chá de noz-moscada moída

pimenta preta moída na hora

11/2dl de farinha de trigo

1.Prepare o molho. Em seguida, misture os dois vegetais, a água e o sal em uma panela grande a gosto. Cozinhe por 5 minutos ou até ficar macio e macio. Escorra e deixe esfriar. Enrole os legumes em um pano e esprema para extrair o líquido. Pique bem.

descongelamento. Em uma frigideira média, derreta a manteiga em fogo médio. Adicione a cebola e cozinhe, mexendo ocasionalmente, até dourar, cerca de 10 minutos.

3.Em uma tigela grande, misture a ricota, o ovo, 1 xícara de Parmigiano-Reggiano, a noz-moscada, o sal e a pimenta a gosto. Adicione cebolas e verduras picadas e misture bem.

Adicione a farinha até incorporar bem. A massa ficará macia.

quatroForre assadeiras com pergaminho ou papel manteiga. Molhe as mãos com água fria. Pegue uma colher de sopa de massa. Molde levemente em uma bola de 3/4 polegadas. Coloque a bola em uma assadeira. Repita com a massa restante. Cubra com filme plástico e leve à geladeira até a hora de cozinhar.

5.Leve pelo menos 4 litros de água para ferver. Adicione sal a gosto. Abaixe um pouco o fogo. Adicione metade do nhoque, um pouco de cada vez. Quando subirem à superfície, cozinhe por mais 30 segundos.

6.Despeje metade do molho picante em um prato quente. Retire o nhoque com uma escumadeira e escorra bem. Adicione-os à fonte. Cubra e mantenha aquecido enquanto cozinha o nhoque restante da mesma maneira. Despeje o restante do molho e do queijo por cima. Servir quente.

Nhoque de semolina

Nhoque à moda romana

Rende 4 a 6 porções

Certifique-se de cozinhar a aveia completamente com o líquido. Se estiver mal cozido, tende a derreter e formar uma pasta em vez de manter a forma quando cozido. Mas mesmo se você fizer isso, ainda terá um sabor incrível.

2 xícaras de leite

2 xícaras de água

1 xícara de semolina fina

2 colheres de chá de sal

4 colheres de sopa de manteiga sem sal

descongelamento/3 xícara de Parmigiano-Reggiano ralado

2 gemas

1.Em uma panela média, aqueça o leite e 1 xícara de água em fogo médio até ferver. Misture o copo restante de água e a aveia. Despeje a mistura no líquido. Adicione o sal. Cozinhe, mexendo sempre, até a mistura ferver. Reduza o fogo e cozinhe, mexendo bem, por 20 minutos ou até a mistura ficar bem espessa.

descongelamento. Tire a panela do fogo. Adicione 2 colheres de sopa de manteiga e metade do queijo. Bata rapidamente as gemas com um batedor.

3.Umedeça levemente uma assadeira. Despeje os grãos em papel alumínio e espalhe com uma espátula de metal até uma espessura de 1/2 polegada. Deixe esfriar, cubra e leve à geladeira por uma hora ou até 48 horas.

quatroColoque uma gradinha no centro do forno. Pré-aqueça o forno a 400°F. Unte uma assadeira de 13x9x2 polegadas.

5.Mergulhe um biscoito ou um cortador de biscoitos de 1/2 polegada em água fria. Corte fatias de aveia e coloque-as em uma assadeira preparada, ligeiramente sobrepostas.

6.Derreta as 2 colheres de sopa restantes de manteiga em uma panela pequena e regue o nhoque. polvilhe com o queijo restante. Asse por 20 a 30 minutos ou até dourar e borbulhar. Deixe esfriar por 5 minutos antes de servir.

Bolinhos de pão Abruzzo

Polpette de Pane al Sugo

Rende 6 a 8 porções

Quando visitei a vinícola Orlandi Contucci Ponno em Abruzzo, desfrutei de uma degustação de seus excelentes vinhos, que incluíam uvas brancas Trebbiano d'Abruzzo e tintos Montepulciano d'Abruzzo, além de diversos blends. Vinhos tão bons merecem uma boa refeição e o nosso almoço não desiludiu, com destaque para os bolinhos de ovo, queijo e pão cozidos em molho de tomate. Embora eu nunca tenha experimentado antes, uma pequena pesquisa me mostrou que essas "almôndegas sem carne" também são populares em outras regiões da Itália, como Calábria e Basilicata.

A gerente da adega me contou que fez as almôndegas com a mollika do pão, o interior do pão sem a crosta. Eu faço com todo o pão. Como o pão italiano que compro aqui não é tão resistente quanto o pão italiano, a crosta dá uma textura extra às almôndegas.

Se você planeja fazer isso com antecedência, mantenha as almôndegas e o molho separados até a hora de servir, para que as almôndegas não absorvam muito molho.

1 pão italiano ou francês de 12 onças, cortado em pedaços de 2,5 cm (cerca de 8 xícaras)

2 xícaras de água fria

3 ovos grandes

1/2 xícara de Pecorino Romano ralado e mais para servir

11/4 xícara de salsa fresca picada

1 dente de alho picado

óleo vegetal para fritar

Curativo

1 cebola média picada finamente

11/2 xícara de azeite

2 latas (28 onças) de tomate pelado italiano importado com suco picado

1 peoncino pequeno seco, esfarelado ou uma pitada de pimenta vermelha esmagada

Sal

6 folhas frescas de manjericão

1. Corte ou parta o pão em pedaços pequenos ou triture-o no processador de alimentos até obter migalhas grossas. Mergulhe o pão em água por 20 minutos. Pressione o pão para retirar o excesso de água.

descongelamento. Numa tigela grande, bata os ovos, o queijo, a salsa e o alho com uma pitada de sal e pimenta a gosto. Adicione a farinha de rosca e misture bem. Se a mistura parecer seca, adicione outro ovo. Misture bem. Molde a mistura em bolas do tamanho de bolas de golfe.

3. Despeje óleo suficiente para atingir uma profundidade de 1/2 polegada em uma frigideira grande e pesada. Aqueça o

óleo em fogo médio até que uma gota da mistura de pão chie ao cair no óleo.

quatroAdicione as bolinhas à panela e cozinhe, virando delicadamente, até dourar por todos os lados, cerca de 10 minutos. Escorra as bolinhas em papel absorvente.

5.Para fazer o molho, em uma panela grande, refogue a cebola no azeite em fogo médio até ficar macia. Adicione o tomate, o peboncino e o sal a gosto. Cozinhe em fogo baixo por 15 minutos ou até engrossar levemente.

6.Adicione os bolinhos de pão e regue com o molho. Deixe ferver por mais 15 minutos. Polvilhe com manjericão. Sirva com queijo adicional.

panquecas recheadas com ricota

manicotti

Rende 6 a 8 porções

Embora muitos cozinheiros usem tubos de macarrão para fazer manicotti, esta é a receita napolitana da família da minha mãe, à base de panquecas. Os manicotti prontos são muito mais leves do que seriam com macarrão, e alguns cozinheiros acham o manicotti mais fácil de fazer com panquecas.

3 xícaras<u>Ensopado Napolitano</u>

Crepes

1 xícara de farinha multiuso

1 xícara de água

3 ovos

1 1/2 colher de chá de sal

Óleo vegetal

Recheado

2 libras de ricota inteira ou parcialmente desnatada

4 onças de mussarela fresca, picada ou ralada

1/2 xícara de Parmigiano-Reggiano ralado

1 ovo grande

2 colheres de sopa de salsa fresca picada

pimenta preta moída na hora a gosto

Pitada de sal

1/2 xícara de Parmigiano-Reggiano ralado

1.Prepare o ensopado. Em seguida, misture os ingredientes da panqueca em uma tigela grande até ficar homogêneo. Cubra e leve à geladeira por 30 minutos ou mais.

descongelamento. Aqueça uma frigideira antiaderente de 15 cm ou uma frigideira de omelete em fogo médio. Pincele levemente a panela com óleo. Segure a panela com uma mão e despeje aprox. 1/3 xícara de massa de crepe. Levante e vire imediatamente a panela para cobrir completamente o fundo com uma fina camada de massa. Retire o excesso de massa. Cozinhe por um minuto ou até que a borda do crepe fique dourada e comece a sair da panela. Use os dedos para virar a panqueca e dourar levemente o outro lado. Cozinhe mais 30 segundos ou até dourar.

3.Deslize o crepe cozido em um prato. Repita o processo, fazendo panquecas com o restante da massa e empilhando umas sobre as outras.

quatroPara fazer o recheio, misture todos os ingredientes em uma tigela grande até incorporar bem.

5.Espalhe uma fina camada de molho em uma assadeira de 13×9×2 polegadas. Para enfeitar as panquecas, coloque aprox. 1/4 xícara de recheio ao longo de um lado de um crepe. Enrole a panqueca em um cilindro e coloque-a na assadeira, com a costura voltada para baixo. Continue a preencher e enrolar os crepes restantes e dobre-os. Adicione mais molho com uma colher. Polvilhe com queijo.

6.Coloque uma gradinha no centro do forno. Pré-aqueça o forno a 350 ° F. Asse por 30 a 45 minutos ou até que o molho borbulhe e os manicotti estejam bem aquecidos. Servir quente.

Timbale de panqueca de Abruzzo com cogumelos

Scrippelle Tímpanos

Rende 8 porções

Uma amiga cuja avó era de Teramo, região de Abruzzo, lembrou-se da deliciosa caçarola de panqueca de cogumelos e queijo que a avó preparava para as férias. Aqui está uma versão deste prato que adaptei da Ricette di Osterie d'Italia do Slow Food Editore. Segundo o livro, os crepes originaram-se das elaboradas preparações de crepe que os chefs franceses introduziram na região no século XVII.

21/2 xícara<u>Molho de tomate toscano</u>

Crepes

5 ovos grandes

11⁄2dl de água

1 colher de chá de sal

11⁄2dl de farinha de trigo

óleo vegetal para fritar

Recheado

1 xícara de cogumelos secos

1 xícara de água morna

$1$1/4 xícara de azeite

1 quilo de cogumelos brancos frescos, enxaguados e cortados em fatias grossas

1 dente de alho picado

2 colheres de sopa de salsa fresca de folhas planas

Sal e pimenta preta moída na hora

12 onças de mussarela fresca, aparada e cortada em pedaços de 1 polegada

1 xícara de Parmigiano-Reggiano ralado

1.Prepare o molho de tomate. Em uma tigela grande, misture os ingredientes do crepe até ficar homogêneo. Cubra e leve à geladeira por 30 minutos ou mais.

descongelamento. Aqueça uma frigideira antiaderente de 15 cm ou uma frigideira de omelete em fogo médio. Pincele levemente a panela com óleo. Segure a panela com uma mão e despeje aprox. 1/3 xícara de massa de crepe. Levante e vire imediatamente a panela para cobrir completamente o fundo com uma fina camada de massa. Retire o excesso de massa. Cozinhe por 1 minuto ou até que a borda do crepe fique dourada e comece a sair da panela. Use os dedos para virar a panqueca e dourar levemente o outro lado. Cozinhe mais 30 segundos ou até dourar.

3.Deslize o crepe cozido em um prato. Repita o preparo das panquecas com a massa restante, empilhando-as umas sobre as outras.

quatroPara fazer o recheio, deixe os cogumelos secos de molho em água por 30 minutos. Retire os cogumelos e guarde o líquido. Lave os cogumelos em água fria corrente para remover qualquer grão, prestando especial atenção às pontas do caule onde a sujeira se acumula. Corte os cogumelos em pedaços grandes. Coe o líquido do cogumelo através de um filtro de café de papel e coloque-o em uma tigela.

5. Aqueça o óleo em uma frigideira grande. Adicione os cogumelos. Cozinhe, mexendo ocasionalmente, até os cogumelos ficarem dourados, 10 minutos. Adicione o alho, a salsa, o sal e a pimenta a gosto. Cozinhe até que o alho esteja dourado, cerca de mais 2 minutos. Adicione os cogumelos secos e o seu líquido. Cozinhe por 5 minutos ou até que a maior parte do líquido tenha evaporado.

6. Coloque uma gradinha no centro do forno. Pré-aqueça o forno a 375°F. Despeje uma fina camada de molho de tomate em uma assadeira de 13 x 9 x 2 polegadas. Faça uma camada de panquecas, sobrepondo-as levemente. Acompanhe com uma camada de cogumelos, mussarela, molho e queijo. Repita as camadas, finalize com panquecas, molho e queijo ralado.

7.Asse por 45 a 60 minutos ou até o molho borbulhar. Deixe descansar por 10 minutos antes de servir. Corte em quadrados e sirva quente.

Espaguete Toscano Artesanal com Molho de Carne

Pici al ragu

Rende 6 porções

Fios fofos de massa artesanal são populares na Toscana e em partes da Úmbria, geralmente salteados com ensopado de carne. A massa chama-se pici ou pinci, e vem da palavra appicciata, que significa "espalhada na mão".

Aprendi a prepará-los em Montefollonico, num restaurante chamado La Chiusa, onde o chef vai a cada mesa e dá aos comensais uma pequena demonstração de como prepará-los. São muito fáceis de fazer, embora demorem.

3 xícaras de farinha de trigo crua e mais para modelar a massa

Sal

1 colher de sopa de azeite

cerca de 1 xícara de água

6 xícarasMolho de carne toscana

1/2 xícara de Parmigiano-Reggiano ralado

1.Coloque a farinha e 1/4 colher de chá de sal em uma tigela grande e misture. Despeje o azeite no meio. Comece a mexer a mistura enquanto vai adicionando a água aos poucos, parando quando a massa começar a se unir e formar uma bola. Vire a massa sobre uma superfície levemente enfarinhada e sove até ficar lisa e elástica, cerca de 10 minutos.

descongelamento.Molde a massa em uma bola. Cubra com um recipiente invertido e deixe agir por 30 minutos.

3.Polvilhe uma assadeira grande com farinha. Divida a massa em quartos. Trabalhe com um quarto da massa de cada vez, mantendo o restante coberto. Pegue pequenos pedaços do tamanho de uma avelã.

quatroEm uma superfície levemente enfarinhada, com as mãos espalmadas, abra cada pedaço de massa em fios finos com cerca de 1/8 polegada de espessura. Coloque os fios na assadeira preparada com um pequeno espaço entre eles.

Repita com a massa restante. Deixe a massa secar descoberta por cerca de 1 hora.

5. Enquanto isso, prepare o molho. Em seguida, ferva 4 litros de água em uma panela grande. Adicione sal a gosto. Adicione o pici e cozinhe até ficar al dente, macio, mas ainda firme na mordida. Escorra e misture o macarrão com o molho em uma tigela grande e aquecida. Polvilhe com queijo e misture novamente. Servir quente.

Pici com alho e pão ralado

Foto com o Briciole

Rende 4 a 6 porções

Este prato vem do La Fattoria, um restaurante aconchegante à beira do lago, perto da cidade etrusca de Chiusi.

1 livro Espaguete Toscano Artesanal com Molho de Carne, etapas 1 a 6

1 1/2 xícara de azeite

4 dentes grandes de alho

1 1/2 xícara de pão ralado fino e seco

1 1/2 xícara de Pecorino Romano ralado na hora

1. Prepare o macarrão. Em uma frigideira grande o suficiente para conter todo o macarrão, aqueça o azeite em fogo médio-baixo. Amasse levemente os dentes de alho e coloque-os na frigideira. Cozinhe até que o alho esteja dourado, cerca de 5 minutos. Não deixe dourar. Retire o

alho da frigideira e acrescente a farinha de rosca. Cozinhe, mexendo sempre, até que o pão ralado fique dourado, cerca de 5 minutos.

descongelamento. Enquanto isso, ferva pelo menos 4 litros de água. Adicione o macarrão e 2 colheres de sal. Misture bem. Cozinhe em fogo alto, mexendo sempre, até que a massa fique al dente, macia, mas firme ao ser mordida. Escorra o macarrão.

3.Adicione o macarrão à panela com as migalhas e misture bem em fogo médio. Polvilhe com queijo e misture novamente. Sirva imediatamente.

macarrão de semolina

é cerca de 1 libra

A farinha de sêmola de trigo duro é usada para fazer diversos tipos de massas frescas no sul da Itália, especialmente na Puglia, Calábria e Basilicata. Depois de cozida, esta massa fica macia e acompanha bem molhos fortes de carnes e vegetais. A massa é muito dura. Pode ser amassado à mão, embora seja um exercício e tanto. Prefiro usar um processador de alimentos ou um liquidificador potente para engrossar a mistura e depois amassar brevemente com a mão para garantir a consistência ideal.

11/2 dl de farinha de sêmola fina

1 xícara de farinha de trigo e mais para polvilhar

1 colher de chá de sal

Cerca de 2/3 xícara de água quente

1.Combine os ingredientes secos na tigela usando um
   processador de alimentos de alta potência ou uma

batedeira. Aos poucos, adicione água até obter uma massa firme e não pegajosa.

descongelamento. Coloque a massa sobre uma superfície levemente enfarinhada. Sove até ficar homogêneo, cerca de 2 minutos.

3.Cubra a massa com uma tigela e deixe descansar por 30 minutos. Polvilhe duas assadeiras grandes com farinha.

quatroCorte a massa em 8 pedaços. Trabalhe uma peça de cada vez, mantendo as peças restantes cobertas com uma tigela invertida. Em uma superfície levemente enfarinhada, enrole um pedaço de massa em uma longa corda com cerca de 1/2 polegada de espessura. Molde a massa em cavatelli ou orrecchiette, conforme descrito emCavatelli com raguprescrição.

Cavatelli com ragu

Cavatelli com ragu

Rende 6 a 8 porções

Lojas e catálogos especializados em equipamentos para fazer massas costumam oferecer uma máquina cavatelli. Parece um velho moedor de carne. Ele prende na bancada, enfia um fio de massa em uma das pontas, gira a manivela e sai um cavatelli bem cozido da outra ponta. Faz um trabalho rápido com um lote dessa massa, mas eu não me incomodaria com isso, a menos que fizesse cavatelli com frequência.

Ao moldar cavatelli, trabalhe em uma superfície de madeira ou outra superfície de textura áspera. A superfície áspera segurará os pedaços de massa para que você possa removê-los com a faca, em vez de deslizá-los como faria em uma bancada lisa e lisa.

<u>ensopado de salsicha</u>qualquer um deles<u>Molho de tomate siciliano</u>

1 livro<u>macarrão de semolina</u>preparado através da etapa 4

Sal

1.Prepare o ensopado ou molho. Prepare 2 assadeiras polvilhadas com farinha.

descongelamento. Corte a massa em pedaços de 1/2 polegada. Segure uma faca pequena com lâmina cega e ponta arredondada com o dedo indicador pressionado contra a lâmina. Achate cada pedaço de massa pressionando e puxando levemente para que a massa envolva a ponta da faca e forme uma casca.

3.Divida as peças nos moldes preparados. Repita com a massa restante. (Se não for usar o cavatelli por uma hora, coloque as bandejas no freezer. Quando os pedaços estiverem firmes, coloque-os em um saco plástico e feche bem. Não descongele antes de cozinhar.)

quatroPara cozinhar, leve quatro litros de água fria para ferver em fogo alto. Adicione o cavatelli e 2 colheres de sal. Cozinhe, mexendo ocasionalmente, até que a massa esteja macia, mas ainda um pouco mastigável.

5.Escorra o cavatelli e despeje em uma tigela para servir quente. Misture com o molho. Servir quente.

Cavatelli com lula e açafrão

Cavatelli com sugo de lula

Rende 6 porções

A textura levemente mastigável da lula complementa a textura mastigável do cavatelli nesta receita siciliana moderna. O molho ganha uma textura cremosa e aveludada graças à mistura de farinha e azeite e uma bela cor amarela graças ao açafrão.

1 colher de chá de fios de açafrão

2 colheres de sopa de água morna

1 cebola média picada finamente

2 dentes de alho bem picados

5 colheres de sopa de azeite

1 libra pura lula(lula), cortada em rodelas de 1/2 polegada

11/2 xícara de vinho branco seco

Sal e pimenta preta moída na hora

1 colher de sopa de farinha

1 libra de cavatelli fresco ou congelado

11/4 xícara de salsa fresca picada

azeite extra virgem

1.Esfarele o açafrão em água quente e guarde.

descongelamento. Em uma frigideira grande o suficiente para conter todo o macarrão, cozinhe a cebola e o alho em 4 colheres de sopa de óleo em fogo médio até a cebola dourar levemente, cerca de 10 minutos. Adicione as lulas e cozinhe, mexendo, até que as lulas fiquem opacas, cerca de 2 minutos. Adicione o vinho e sal e pimenta a gosto. Deixe ferver e cozinhe por 1 minuto.

3.Misture a colher de sopa restante de óleo e a farinha. Adicione a mistura de lula. Ferva a agua. Adicione a mistura de açafrão e cozinhe por mais 5 minutos.

quatroEnquanto isso, ferva pelo menos 4 litros de água. Adicione o macarrão e 2 colheres de sal. Misture bem. Cozinhe em fogo alto, mexendo sempre, até que o macarrão esteja macio, mas levemente cozido. Escorra o macarrão, reservando um pouco da água do cozimento.

5.Adicione o macarrão à panela com as lulas. Adicione um pouco da água reservada do cozimento se a mistura parecer seca. Adicione a salsa e misture bem. Retire do fogo e regue com um pouco de azeite virgem extra. Sirva imediatamente.

Cavatelli com rúcula e tomate

Cavatelli com Rughetta e Pomodori

Rende 4 a 6 porções

A rúcula é mais conhecida como salada verde, mas na Apúlia ela costuma ser cozida ou, como nesta receita, jogada em sopas quentes ou pratos de massa no último minuto para murchar. Eu adoro o sabor picante e de nozes que ele acrescenta.

1 1/4 xícara de azeite

2 dentes de alho picados finamente

2 libras de tomate ameixa maduro, descascado, sem sementes e cortado em cubos, ou 1 (28 onças) de tomate ameixa descascado importado com suco

Sal e pimenta preta moída na hora

1 libra de cavatelli fresco ou congelado

1/2 xícara de salada de ricota ralada ou pecorino romano

1 cacho grande de rúcula, aparado e cortado em pedaços pequenos (cerca de 2 xícaras)

1.Em uma frigideira grande o suficiente para conter todos os ingredientes, cozinhe o alho no azeite em fogo médio até dourar levemente, cerca de 2 minutos. Adicione os tomates e sal e pimenta a gosto. Leve o molho para ferver e cozinhe até engrossar, cerca de 20 minutos.

descongelamento.Leve pelo menos 4 litros de água para ferver. Adicione o macarrão e sal a gosto. Misture bem. Cozinhe em fogo alto, mexendo sempre, até a massa ficar macia. Escorra o macarrão, reservando um pouco da água do cozimento.

3.Adicione o macarrão ao molho de tomate com metade do queijo. Adicione a rúcula e misture bem. Adicione um pouco da água reservada do cozimento se a massa parecer muito seca. Polvilhe com o queijo restante e sirva imediatamente.

Orecchiette com ragu de porco

Orecchiette com Ragu di Maiale

Rende 6 a 8 porções

Minha amiga Dora Marzovilla vem de Rutigliano, perto de Bari. Ela é especialista em fazer macarrão e aprendi muito observando-a. Dora tem um prato especial de madeira para macarrão, só para fazer macarrão. Embora Dora prepare muitos tipos de massas frescas, incluindo nhoque, cavatelli, ravióli e maloreddu, o nhoque de açafrão da Sardenha para o restaurante de sua família em Nova York, I Trulli, orecchiette é sua especialidade.

Fazer orecchiette é muito semelhante a fazer cavatelli. A principal diferença é que a casca da massa tem um formato de cúpula mais aberta, como um Frisbee de cabeça para baixo ou, na fantasiosa imaginação italiana, orelhinhas, daí o nome.

1 receita<u>massa de semolina</u>

3 xícaras<u>Ensopado de porco com ervas frescas</u>

11/2 xícara de Pecorino Romano ralado na hora

1.Prepare o ensopado e a massa. Prepare 2 assadeiras grandes polvilhadas com farinha. Corte a massa em pedaços de 1/2 polegada. Segure uma faca pequena com lâmina cega e ponta arredondada com o dedo indicador pressionado contra a lâmina. Achate cada pedaço de massa com a ponta da faca, pressionando e puxando levemente para que a massa forme um disco. Vire cada disco sobre a ponta do polegar, criando uma forma de cúpula.

descongelamento. Divida as peças nos moldes preparados. Repita com a massa restante. (Se não for usar a orecchiette dentro de 1 hora, coloque as caçarolas no freezer. Quando os pedaços estiverem firmes, coloque-os em um saco plástico e feche-os bem. Não descongele antes de cozinhar.)

3.Leve pelo menos 4 litros de água para ferver. Adicione o macarrão e sal a gosto. Misture bem. Cozinhe em fogo alto, mexendo sempre, até que a massa fique al dente, macia, mas firme ao ser mordida. Escorra o macarrão, reservando um pouco da água do cozimento.

quatroAdicione o macarrão ao guisado. Adicione o queijo e misture bem, acrescentando um pouco da água reservada do cozimento se o molho parecer muito grosso. Sirva imediatamente.

Orecchiette de Brócolis Rabe

Orecchiette em cima de tamboril

Rende 4 a 6 porções

É praticamente o prato oficial da Puglia e você não o encontrará mais delicioso em lugar nenhum. Ele chama o brócolis de rabe, às vezes chamado de rapini, embora nabos, mostarda, couve ou brócolis normal também possam ser usados. O brócolis rabe tem caules e folhas longos e um sabor amargo agradável, embora o cozimento suavize um pouco o amargor e o torne macio.

1 cacho de brócolis (cerca de 1 1/2 libra), cortado em pedaços de 2,5 cm

Sal

1/3 xícara de azeite

4 dentes de alho

8 filés de anchova

pitada de pimenta vermelha esmagada

1 libra de orecchiette ou cavatelli fresco

1.Leve uma panela grande com água para ferver. Adicione o rabe de brócolis e sal a gosto. Cozinhe o rabe de brócolis por 5 minutos e depois escorra. Ainda deve estar firme.

descongelamento. Seque a panela. Aqueça o azeite com o alho em fogo médio-baixo. Adicione as anchovas e a pimenta vermelha. Quando o alho estiver dourado, acrescente o rabe de brócolis. Cozinhe, mexendo bem para cobrir os brócolis com óleo, até ficar bem macio, cerca de 5 minutos.

3.Leve pelo menos 4 litros de água para ferver. Adicione o macarrão e sal a gosto. Misture bem. Cozinhe em fogo alto, mexendo sempre, até que a massa fique al dente, macia, mas firme ao ser mordida. Escorra o macarrão, reservando um pouco da água do cozimento.

quatroAdicione o macarrão ao rabe de brócolis. cozinhe, mexendo, por 1 minuto ou até que a massa esteja bem combinada. Adicione um pouco de água do cozimento, se necessário.

Variação: Retire as anchovas. Sirva a massa polvilhada com amêndoas torradas picadas ou Pecorino Romano ralado.

Variação: Retire as anchovas. Retire as tripas de 2 salsichas italianas. Pique a carne e doure com alho, pimenta e rabe de brócolis. Sirva polvilhado com Pecorino Romano.

Orecchiette com couve-flor e tomate

Orecchiette com Cavolfiore e Pomodori

Rende 4 a 6 porções

Um parente siciliano me ensinou a fazer esse macarrão, mas também comemos na Puglia. Se preferir, você pode substituir o pão ralado por queijo ralado.

1/3 xícara mais 2 colheres de sopa de azeite

1 dente de alho picado

3 libras de tomate ameixa, descascado, sem sementes e cortado em cubos ou 1 (28 onças) de tomate ameixa descascado importado, com suco, cortado em cubos

1 couve-flor média, aparada e cortada em florzinhas

Sal e pimenta preta moída na hora

3 colheres de sopa de pão ralado seco

2 anchovas picadas (opcional)

1 libra de orecchiette fresco

1.Em uma frigideira grande o suficiente para conter todos os ingredientes, cozinhe o alho em 1/3 xícara de azeite em fogo médio até dourar. Adicione os tomates e sal e pimenta a gosto. Deixe ferver e cozinhe por 10 minutos.

descongelamento.Adicione a couve-flor. Cubra e cozinhe, mexendo de vez em quando, até a couve-flor ficar bem macia, cerca de 25 minutos. Amasse um pouco de couve-flor com as costas de uma colher.

3.Em uma frigideira pequena, aqueça as 2 colheres de sopa restantes de óleo em fogo médio. Adicione pão ralado e anchovas, se desejar. Cozinhe, mexendo, até que as migalhas estejam torradas e o óleo seja absorvido.

quatroLeve pelo menos 4 litros de água para ferver. Adicione o macarrão e sal a gosto. Cozinhe, mexendo sempre, até que a massa fique al dente, macia, mas firme na mordida. Escorra o macarrão, reservando um pouco da água do cozimento.

5.Misture o macarrão com o molho de tomate e a couve-flor. Adicione um pouco de água do cozimento, se necessário. Polvilhe com pão ralado e sirva imediatamente.

Orecchiette com linguiça e repolho

Orecchiette com Salsiccia e Cavolo

Rende 6 porções

Quando minha amiga Domenica Marzovilla voltou de uma viagem à Toscana, ela descreveu esta massa que comeu na casa de uma amiga. Parecia tão simples e bom que fui para casa e fiz.

2 colheres de sopa de azeite

8 onças de linguiça de porco doce

8 onças de linguiça de porco picante

2 xícaras de tomate italiano importado em lata, escorrido e picado

Sal

1 libra de couve (cerca de 1/2 cabeça média)

1 libra de orecchiette ou cavatelli fresco

1.Em uma panela média, aqueça o azeite em fogo médio. Adicione as salsichas e cozinhe até dourar por todos os lados, cerca de 10 minutos.

descongelamento. Adicione os tomates e uma pitada de sal. Deixe ferver e cozinhe até o molho engrossar, cerca de 30 minutos.

3.Corte o miolo do repolho. Corte o repolho em tiras finas.

quatroLeve uma panela grande com água para ferver. Adicione o repolho e cozinhe até 1 minuto depois que a água ferver novamente. Raspe o repolho com uma escumadeira. Seque bem. Reserve a água do cozimento.

5.Coloque as salsichas sobre uma tábua e deixe o molho na panela. Adicione o repolho ao molho; cozinhe por 15 minutos. Corte a salsicha em rodelas finas.

6.Deixe a água ferver novamente e cozinhe o macarrão com sal a gosto. Escorra bem e misture com a linguiça e o molho. Servir quente.

Orecchiette de peixe-espada

Orecchiette com Peixe Espada

Rende 4 a 6 porções

O peixe-espada pode substituir o atum ou o tubarão, se preferir. Salgar a berinjela remove um pouco do suco amargo e melhora a textura, embora muitos cozinheiros considerem essa etapa desnecessária. Sempre dou sal, mas a escolha é sua. A berinjela pode ser cozida várias horas antes do macarrão. Basta reaquecê-lo em uma assadeira em forno a 350°F por cerca de 10 minutos antes de servir. Esta massa siciliana é invulgar na cozinha italiana porque embora o molho contenha peixe, é finalizado com queijo, o que aumenta a riqueza.

1 berinjela grande ou 2 pequenas (cerca de 1 1/2 libra)

Sal grosso

Milho ou outro óleo vegetal para fritar

3 colheres de sopa de azeite

1 dente de alho grande, bem picado

2 cebolas verdes picadas finamente

8 onças de peixe-espada ou outro filé de peixe carnudo (cerca de 1/2 polegada de espessura), sem pele, cortado em pedaços de 1/2 polegada

pimenta preta moída na hora a gosto

2 colheres de sopa de vinagre de vinho branco

2 xícaras de tomates frescos descascados, sem sementes e cortados em cubos ou tomates italianos importados em cubos enlatados com seu suco

1 colher de chá de folhas frescas de orégano picadas ou uma pitada de orégano seco

1 libra de orecchiette ou cavatelli fresco

1/3 xícara de Pecorino Romano ralado na hora

1. Corte a berinjela em cubos de 2,5 cm. Coloque os pedaços em uma peneira sobre um prato e polvilhe generosamente com sal. Deixe descansar por 30 minutos a 1 hora. Lave

rapidamente os pedaços de berinjela. Coloque os pedaços sobre papel absorvente e esprema até secar.

descongelamento. Em uma frigideira grande e funda em fogo médio, aqueça cerca de 1/2 polegada de óleo. Para provar o azeite, coloque com cuidado um pedacinho de berinjela. Se chiar e cozinhar rapidamente, adicione berinjela suficiente para fazer uma única camada. Não sobrecarregue a panela. Cozinhe, mexendo ocasionalmente, até a berinjela ficar crocante e dourada, cerca de 5 minutos. Retire os pedaços com uma escumadeira. Escorra bem em papel absorvente. Repita com o restante da berinjela. Deixe além disso.

3.Em uma frigideira média em fogo médio, refogue o azeite com o alho e a cebolinha por 30 segundos. Adicione o peixe e polvilhe com sal e pimenta. Cozinhe, mexendo ocasionalmente, até que o peixe não fique mais rosado, cerca de 5 minutos. Adicione o vinagre e cozinhe por 1 minuto. Adicione os tomates e o orégano. Deixe ferver e cozinhe por 15 minutos ou até a mistura engrossar um pouco.

quatroEnquanto isso, leve uma panela grande com água fria para ferver. Adicione sal a gosto e macarrão. Cozinhe, mexendo ocasionalmente, até ficar al dente, macio, mas firme na mordida. Seque bem.

5.Combine o macarrão, o molho e a berinjela em uma tigela grande e quente. Misture bem. Adicione o queijo. Servir quente.

Arroz, fubá e outros produtos de grãos

Dos muitos tipos de grãos cultivados e utilizados em toda a Itália, o arroz e o fubá são os mais comuns. Farro, cuscuz e cevada são os favoritos locais, assim como os frutos de trigo.

O arroz foi introduzido pela primeira vez na Itália vindo do Oriente Médio. Cresce particularmente bem no norte da Itália, especialmente nas regiões de Piemonte e Emilia-Romagna.

Os cozinheiros italianos são muito específicos quanto ao tipo de arroz de grão médio que preferem, embora as diferenças entre as variedades possam ser sutis. Muitos chefs especificam uma variação para um risoto de frutos do mar e outra para um risoto de vegetais. Muitas vezes as preferências são regionais ou simplesmente tradicionais, embora cada variedade tenha características específicas. O arroz Carnaroli mantém bem a forma e dá um risoto um pouco mais cremoso. Vialone Nano cozinha mais rápido e tem um sabor mais suave. Arborio é o mais conhecido e amplamente disponível, mas o sabor é menos sutil. Acompanha melhor um risoto feito com ingredientes de sabor forte. Qualquer uma dessas três variedades pode ser usada nas receitas de risoto deste livro.

O milho é um cereal relativamente novo na Itália. Foi somente após a exploração europeia do Novo Mundo que o milho chegou à Espanha e de lá se espalhou por todo o continente. O milho é fácil e barato de cultivar, por isso logo foi amplamente plantado. A maior parte é cultivada para alimentação animal, mas o fubá, tanto branco quanto amarelo, costuma ser usado para polenta. É raro encontrar espiga de milho consumida na Itália, exceto em Nápoles, onde os vendedores às vezes vendem milho grelhado como comida de rua. Os romanos às vezes adicionam salgadinhos de milho enlatados às saladas, mas isso é uma raridade exótica.

Os grãos de farro e de trigo são mais comuns no centro e no sul da Itália, onde são cultivados. O Farro, uma antiga variedade de trigo, é considerado um alimento saudável pelos italianos. É excelente em sopas, saladas e outras preparações.

A cevada é um grão antigo que cresce bem nas regiões mais frias do norte. Os romanos alimentaram os seus exércitos com cevada e outros grãos. Era cozido em um mingau ou sopa conhecido como leguminosa, provavelmente o precursor da polenta. Hoje, a cevada é encontrada principalmente no nordeste da Itália, perto da Áustria, cozida em risoto ou adicionada à sopa.

Feito com farinha de trigo duro enrolada em bolinhas, o cuscuz é típico do oeste da Sicília e uma relíquia do domínio árabe da região há séculos. Geralmente é preparado com caldo de frutos do mar ou ensopado de carne.

ARROZ

O arroz é cultivado no norte da Itália, nas regiões de Piemonte e Emilia-Romagna, e é um alimento básico, frequentemente consumido no lugar de macarrão ou sopa como aperitivo. O método clássico de cozinhar arroz é como o risoto, que é a minha ideia de paraíso do arroz!

Se você nunca fez isso antes, a técnica do risoto pode parecer incomum. Nenhuma outra cultura cozinha o arroz como os italianos, embora a técnica seja semelhante à de fazer pilaf, onde o arroz é salteado e depois fervido, e o líquido do cozimento é absorvido. A ideia é cozinhar o arroz para que ele libere o amido e forme um molho cremoso. O arroz acabado deve estar macio, mas firme ao mordê-lo, al dente. Os grãos terão absorvido o sabor dos demais ingredientes e ficarão rodeados por um líquido cremoso. Para melhores resultados, o risoto deve ser consumido imediatamente após o cozimento, caso contrário pode ficar seco e pastoso.

O risoto fica melhor quando feito em casa. Poucos restaurantes conseguem passar tanto tempo fazendo risoto quanto ele, embora não seja muito. Na verdade, muitas cozinhas de restaurantes pré-cozinham parcialmente o arroz e depois o resfriam. Quando alguém pede um risoto, o arroz é aquecido e acrescenta-se um líquido com os ingredientes aromatizantes necessários para finalizar o cozimento.

Depois de entender o procedimento, fazer o risoto é bastante simples e pode ser adaptado a diversas combinações de ingredientes. O primeiro passo para fazer o risoto é escolher o tipo certo de arroz. O arroz de grão longo, comumente encontrado nos Estados Unidos, não é adequado para fazer risoto porque não contém o tipo certo de amido. O arroz de grão médio, normalmente vendido como variedades Arborio, Carnaroli ou Vialone Nano, contém um tipo de amido que é liberado dos grãos quando cozido e misturado com caldo ou outro líquido. O amido se liga ao líquido e fica cremoso.

O arroz de grão médio importado da Itália está amplamente disponível nos supermercados. Também é cultivado nos Estados Unidos e agora é fácil de encontrar.

Você também precisa de um bom caldo de frango, carne, peixe ou legumes. Caldo caseiro é melhor, mas pode-se usar caldo enlatado (ou embalado). Acho que o caldo comprado na loja é muito forte para ser usado direto do recipiente e muitas vezes diluo-o com água. Lembre-se de que o caldo embalado, a menos que você use uma variedade com baixo teor de sódio, é rico em sal, então ajuste o sal adicionado de acordo. Os cubos de caldo são muito salgados e com sabor artificial, por isso não os uso.

risoto branco

Risoto Branco

Rende 4 porções

Este risoto branco simples é tão básico e satisfatório quanto sorvete de baunilha. Sirva como entrada ou decore com carnes grelhadas. Se você tiver uma trufa fresca, experimente raspá-la sobre o risoto finalizado para dar um toque luxuoso. Neste caso é necessário retirar o queijo.

4 xícarasSuco de carnequalquer um delesSopa de galinha

4 colheres de sopa de manteiga sem sal

1 colher de sopa de azeite

1/4 xícara de chalotas ou cebolas picadas

11/2 xícara de arroz de grão médio, como Arborio, Carnaroli ou Vialone Nano

11/2 xícara de vinho branco seco ou espumante

Sal e pimenta preta moída na hora

1⁄2 xícara de Parmigiano-Reggiano ralado

1.Prepare o caldo se necessário. Leve o caldo para ferver em fogo médio e abaixe o fogo para mantê-lo quente. Em uma frigideira grande e pesada, derreta 3 colheres de sopa de manteiga com o azeite em fogo médio. Adicione as chalotas e cozinhe até ficarem macias, mas não douradas, cerca de 5 minutos.

descongelamento.Adicione o arroz e mexa com uma colher de pau até aquecer, cerca de 2 minutos. Adicione o vinho e cozinhe, mexendo, até que a maior parte do líquido tenha evaporado.

3.Despeje 1/2 xícara de caldo sobre o arroz. Cozinhe, mexendo, até que a maior parte do líquido seja absorvida. Continue adicionando caldo por aprox. 1/2 xícara de cada vez, mexendo após cada adição. Ajuste o fogo para que o líquido ferva rapidamente, mas o arroz não grude na panela. Mais ou menos na metade do tempo de cozimento, adicione sal e pimenta a gosto.

quatroUse apenas a quantidade de caldo necessária até que o arroz esteja macio, mas firme na mordida e o risoto fique cremoso. Quando você achar que está pronto, experimente o feijão. Se não estiver pronto, tente o teste novamente em cerca de um minuto. Se acabar o estoque antes do arroz ficar macio, use água quente. O tempo de cozimento será de 18 a 20 minutos.

5.Retire a panela de risoto do fogo. Adicione a colher de sopa restante de manteiga e queijo até derreter e ficar cremoso. Sirva imediatamente.

Risoto de açafrão milanês

Risoto Milanês

Rende 4 a 6 porções

O risoto de açafrão dourado é o clássico acompanhamento milanês do Osso Buco (ver<u>Perna de boi à milanesa</u>*). Adicionar ossos grandes de medula bovina ao risoto confere-lhe um sabor rico e carnudo e é tradicional, mas o risoto pode ser feito sem ele.*

6 xícaras<u>Sopa de galinha</u>qualquer um deles<u>Suco de carne</u>

1/2 colher de chá de fios de açafrão esfarelados

4 colheres de sopa de manteiga sem sal

2 colheres de sopa de medula bovina (opcional)

2 colheres de sopa de azeite

1 cebola pequena, bem picada

2 xícaras (cerca de 1 libra) de arroz de grão médio, como Arborio, Carnaroli ou Vialone Nano

Sal e pimenta preta moída na hora

1/2 xícara de Parmigiano-Reggiano ralado

1.Prepare o caldo se necessário. Leve o caldo para ferver em fogo médio e abaixe o fogo para mantê-lo quente. Retire 1/2 xícara de caldo e coloque em uma tigela pequena. Adicione o açafrão e deixe descansar.

descongelamento. Em uma panela grande e pesada, aqueça 2 colheres de sopa de manteiga, um pouco de tutano, se for usar, e óleo em fogo médio. Quando a manteiga derreter, acrescente a cebola e cozinhe, mexendo sempre, até dourar, cerca de 10 minutos.

3.Adicione o arroz e cozinhe, mexendo com uma colher de pau, até aquecer bem, cerca de 2 minutos. Adicione 1/2 xícara de caldo quente e mexa até que o líquido seja absorvido. Continue adicionando 1/2 xícara de caldo de cada vez, mexendo após cada adição. Ajuste o fogo para que o líquido ferva rapidamente, mas o arroz não grude na panela. Mais ou menos na metade do tempo de cozimento, adicione a mistura de açafrão, sal e pimenta a gosto.

quatroUse apenas a quantidade de caldo necessária até que o arroz esteja macio, mas firme na mordida. Quando você achar que está pronto, experimente o feijão. Se não estiver pronto, tente o teste novamente em cerca de um minuto. Se acabar o estoque antes do arroz ficar macio, use água quente. O tempo de cozimento será de 18 a 20 minutos.

5.Retire a panela de risoto do fogo e adicione as 2 colheres de sopa restantes de manteiga e queijo até derreter e ficar cremoso. Sirva imediatamente.

Risotto de aspargos

Risotto de aspargos

Rende 6 porções

A região do Veneto é famosa pelos seus belos espargos brancos com pontas de lavanda. Para atingir a cor delicada, os aspargos são mantidos cobertos durante o crescimento para não ficarem expostos ao sol e não formarem clorofila. Os espargos brancos têm sabor delicado e são mais macios que os verdes. Os espargos brancos são ideais para este risoto, mas você pode fazer com a variedade verde normal e o sabor ainda ficará incrível.

5 xícarasSopa de galinha

1 quilo de aspargos frescos, picados

4 colheres de sopa de manteiga sem sal

1 cebola pequena, finamente picada

2 xícaras de arroz de grão médio, como Arborio, Carnaroli ou Vialone Nano

1 1/2 xícara de vinho branco seco

Sal e pimenta preta moída na hora

3/4 xícara de Parmigiano-Reggiano ralado

1. Prepare o caldo se necessário. Leve o caldo para ferver em fogo médio e abaixe o fogo para mantê-lo quente. Corte as pontas dos aspargos e reserve. Corte as hastes em fatias de 1/2 polegada.

descongelamento. Derreta 3 colheres de sopa de manteiga em uma panela grande e pesada. Adicione a cebola e cozinhe em fogo médio, mexendo de vez em quando, até ficar bem macia e dourada, cerca de 10 minutos.

3. Adicione os talos de aspargos. Cozinhe, mexendo ocasionalmente, por 5 minutos.

quatro Adicione o arroz e cozinhe, mexendo com uma colher de pau, até aquecer bem, cerca de 2 minutos. Adicione o vinho e cozinhe, mexendo sempre, até o líquido evaporar. Despeje 1/2 xícara de caldo sobre o arroz. Cozinhe, mexendo, até que a maior parte do líquido seja absorvida.

5.Continue adicionando caldo por aprox. 1/2 xícara de cada vez, mexendo após cada adição. Ajuste o fogo para que o líquido ferva rapidamente, mas o arroz não grude na panela. Após cerca de 10 minutos, adicione as pontas dos aspargos. Tempere com sal e pimenta. Use apenas a quantidade de caldo necessária até que o arroz esteja macio, mas firme na mordida e o risoto fique cremoso. Quando você achar que está pronto, experimente o feijão. Se não estiver pronto, tente o teste novamente em cerca de um minuto. Se acabar o estoque antes do arroz ficar macio, use água quente. O tempo de cozimento será de 18 a 20 minutos.

6.Retire a panela de risoto do fogo. Adicione o queijo e a colher de sopa restante de manteiga. Eu gosto de especiarias. Sirva imediatamente.

Risoto de pimenta vermelha

Risoto de Pepperoni Rossi

Rende 6 porções

No auge da temporada, quando os pimentões vermelhos brilhantes se destacam nas quitandas, fico inspirado para usá-los de muitas maneiras. Seu sabor suave e suave e sua bela cor fazem com que tudo, desde omeletes a massas, sopas, saladas e ensopados, fique mais saboroso. Esta não é uma receita tradicional, mas um dia me ocorreu enquanto procurava uma nova forma de usar pimentão vermelho. Pimentões amarelos ou laranja também seriam bons nesta receita.

  5 xícarasSopa de galinha

3 colheres de sopa de manteiga sem sal

1 colher de sopa de azeite

1 cebola pequena, finamente picada

2 pimentões vermelhos, sem sementes e picados finamente

2 xícaras de arroz de grão médio, como Arborio, Carnaroli ou Vialone Nano

Sal e pimenta preta moída na hora

1/2 xícara de Parmigiano-Reggiano ralado

1.Prepare o caldo se necessário. Leve o caldo para ferver em fogo médio e abaixe o fogo para mantê-lo quente. Aqueça 2 colheres de sopa de manteiga e óleo em uma panela grande e pesada em fogo médio. Quando a manteiga derreter, acrescente a cebola e cozinhe, mexendo sempre, até dourar, cerca de 10 minutos. Adicione os pimentões e cozinhe por mais 10 minutos.

descongelamento.Adicione o arroz e mexa com uma colher de pau até aquecer, cerca de 2 minutos. Adicione 1/2 xícara de caldo quente e mexa até que o líquido seja absorvido. Continue adicionando 1/2 xícara de caldo de cada vez, mexendo após cada adição. Ajuste o fogo para que o líquido ferva rapidamente, mas o arroz não grude na panela. Na metade do cozimento, adicione sal e pimenta a gosto.

3.Use apenas a quantidade de caldo necessária até que o arroz esteja macio, mas firme na mordida e o risoto fique cremoso. Quando você achar que está pronto, experimente o feijão. Se não estiver pronto, tente o teste novamente em cerca de um minuto. Se o líquido acabar antes de cozinhar o arroz, termine o cozimento com água quente. O tempo de cozimento será de 18 a 20 minutos.

quatroRetire a panela de risoto do fogo. Adicione a colher de sopa restante de manteiga e queijo até derreter e ficar cremoso. Eu gosto de especiarias. Sirva imediatamente.

Risoto de tomate e rúcula

Risoto com pomodori e rúcula

Rende 6 porções

Tomates frescos, manjericão e rúcula fazem deste risoto a essência do verão. Adoro servir com um vinho branco gelado, como o Furore de Campania da produtora Matilde Cuomo.

5 xícarasSopa de galinha

1 cacho grande de rúcula picado e enxaguado

3 colheres de sopa de azeite

1 cebola pequena, finamente picada

2 libras de tomate ameixa maduro, descascado, sem sementes e picado

2 xícaras de arroz de grão médio, como Arborio, Carnaroli ou Vialone Nano

Sal e pimenta preta moída na hora

1/2 xícara de Parmigiano-Reggiano ralado

2 colheres de sopa de manjericão fresco picado

1 colher de sopa de azeite extra virgem

1.Prepare o caldo se necessário. Leve o caldo para ferver em fogo médio e abaixe o fogo para mantê-lo quente. Corte as folhas de rúcula em pedaços pequenos. Você deve consumir cerca de 2 xícaras.

descongelamento.Despeje o azeite em uma frigideira grande e pesada. Adicione a cebola e cozinhe em fogo médio, mexendo de vez em quando com uma colher de pau, até a cebola ficar bem macia e dourada, cerca de 10 minutos.

3.Adicione os tomates. Cozinhe, mexendo ocasionalmente, até que a maior parte do suco tenha evaporado, cerca de 10 minutos.

quatroAdicione o arroz e cozinhe, mexendo com uma colher de pau, até aquecer bem, cerca de 2 minutos. Despeje 1/2 xícara de caldo sobre o arroz. Cozinhe e mexa até que a maior parte do líquido seja absorvida.

5. Continue adicionando caldo por aprox. 1/2 xícara de cada vez, mexendo após cada adição. Ajuste o fogo para que o líquido ferva rapidamente, mas o arroz não grude na panela. A meio da cozedura, adicione sal e pimenta. Use apenas a quantidade de caldo necessária até que o arroz esteja macio, mas firme na mordida e o risoto fique cremoso. Quando você achar que está pronto, experimente o feijão. Se não estiver pronto, tente o teste novamente em cerca de um minuto. Se acabar o estoque antes do arroz ficar macio, use água quente. O tempo de cozimento será de 18 a 20 minutos.

6. Retire a panela de risoto do fogo. Adicione o queijo, o manjericão e uma colher de sopa de azeite virgem extra. Eu gosto de especiarias. Adicione a rúcula e sirva imediatamente.

Risoto com vinho tinto e radicchio

risoto de chicória

Rende 6 porções

Radicchio, membro da família da chicória, é cultivado no Veneto. Assim como a escarola, com a qual está relacionado, o radicchio tem um sabor levemente amargo, mas doce. Embora pensemos nele principalmente como um complemento colorido para uma saladeira, os italianos costumam cozinhar radicchio. Pode ser cortado em quartos e grelhado, ou as folhas podem ser enroladas em uma guarnição e assadas como aperitivo. A vibrante cor bordô torna-se marrom mogno escuro quando cozida. Comi esse risoto no Il Cenacolo, restaurante de Verona que oferece receitas tradicionais.

5 xícarasSopa de galinhaqualquer um delesSuco de carne

1 radicchio médio (cerca de 12 onças)

2 colheres de sopa de azeite

2 colheres de sopa de manteiga sem sal

1 cebola pequena, finamente picada

11/2 xícara de vinho tinto seco

2 xícaras de arroz de grão médio, como Arborio, Carnaroli ou Vialone Nano

Sal e pimenta preta moída na hora

1/2 xícara de Parmigiano-Reggiano ralado

1.Prepare o caldo se necessário. Leve o caldo para ferver em fogo médio e abaixe o fogo para mantê-lo quente. Apare o radicchio e corte em fatias de 1/2 polegada de espessura. Corte as fatias em pedaços de 2,5 cm.

descongelamento.Em uma frigideira grande e pesada, aqueça o azeite com 1 colher de sopa de manteiga em fogo médio. Quando a manteiga derreter, acrescente a cebola e cozinhe, mexendo de vez em quando, até a cebola ficar bem macia, cerca de 10 minutos.

3.Aumente o fogo para médio, acrescente o radicchio e cozinhe até ficar macio, cerca de 10 minutos.

quatroAdicione o arroz. Adicione o vinho e cozinhe, mexendo, até que a maior parte do líquido seja absorvida. Despeje 1/2 xícara de caldo sobre o arroz. Cozinhe e mexa até que a maior parte do líquido seja absorvida.

5.Continue adicionando caldo por aprox. 1/2 xícara de cada vez, mexendo após cada adição. Ajuste o fogo para que o líquido ferva rapidamente, mas o arroz não grude na panela. A meio da cozedura, adicione sal e pimenta. Use apenas a quantidade de caldo necessária até que o arroz esteja macio, mas firme na mordida e o risoto fique cremoso. Quando você achar que está pronto, experimente o feijão. Se não estiver pronto, tente o teste novamente em cerca de um minuto. Se acabar o estoque antes do arroz ficar macio, use água quente. O tempo de cozimento será de 18 a 20 minutos.

6.Retire a panela do fogo e acrescente a colher de sopa restante de manteiga e o queijo. Eu gosto de especiarias. Sirva imediatamente.

Risoto Cremoso De Couve Flor

Risoto Cavolfiore

Rende 6 porções

Em Parma pode não haver entrada ou prato principal, mas nunca faltará risoto ou massa; eles ainda são incrivelmente bons. Esta é a minha versão de um risoto que comi há alguns anos no La Filoma, uma excelente trattoria.

A primeira vez que fiz esse risoto, deixei à mão um tubo de massa de trufas brancas e acrescentei um pouco no final do cozimento. O sabor era sensacional. Experimente se encontrar macarrão com trufas.

4 xícarasSopa de galinha

4 xícaras de couve-flor, cortada em florzinhas de 1/2 polegada

1 dente de alho picado

11⁄2dl de leite

Sal

4 colheres de sopa de manteiga sem sal

11/4 xícara de cebola picada

2 xícaras de arroz de grão médio, como Arborio, Carnaroli ou Vialone Nano

pimenta preta moída na hora

3/4 xícara de Parmigiano-Reggiano ralado

1.Prepare o caldo se necessário. Leve o caldo para ferver em fogo médio e abaixe o fogo para mantê-lo quente. Em uma panela média, misture a couve-flor, o alho, o leite e uma pitada de sal. Ferva a agua. Cozinhe até que a maior parte do líquido tenha evaporado e a couve-flor esteja macia, cerca de 10 minutos. Mantenha o fogo bem baixo e mexa a mistura de vez em quando para não queimar.

descongelamento.Em uma frigideira grande e pesada, aqueça o azeite com 2 colheres de sopa de manteiga em fogo médio. Quando a manteiga derreter, acrescente a cebola e cozinhe, mexendo de vez em quando, até a cebola ficar bem macia e dourada, cerca de 10 minutos.

3. Adicione o arroz e cozinhe, mexendo com uma colher de pau, até aquecer bem, cerca de 2 minutos. Despeje cerca de 1/2 xícara de caldo, cozinhe e mexa até que a maior parte do líquido seja absorvida.

quatro Continue adicionando 1/2 xícara de caldo de cada vez, mexendo sempre, até que seja absorvido. Ajuste o fogo para que o líquido ferva rapidamente, mas o arroz não grude na panela. Na metade do cozimento, adicione sal e pimenta.

5. Quando o arroz estiver quase cozido, acrescente a mistura de couve-flor. Use apenas a quantidade de caldo necessária até que o arroz esteja macio, mas firme na mordida e o risoto fique cremoso. Quando você achar que está pronto, experimente o feijão. Se não estiver pronto, tente o teste novamente em cerca de um minuto. Se acabar o estoque antes do arroz ficar macio, use água quente. O tempo de cozimento será de 18 a 20 minutos.

6. Retire a panela do fogo e tempere com especiarias. Adicione as 2 colheres de sopa restantes de manteiga e o queijo. Sirva imediatamente.

risoto de limão

risoto de limão

Rende 6 porções

O sabor brilhante das raspas e do suco de limão fresco ilumina este risoto que comi em Capri. Embora os italianos não o façam com muita frequência, gosto de servi-lo como acompanhamento de vieiras grelhadas ou de peixe grelhado.

5 xícarasSopa de galinha

4 colheres de sopa de manteiga sem sal

1 cebola pequena, finamente picada

2 xícaras de arroz de grão médio, como Arborio, Carnaroli ou Vialone Nano

Sal e pimenta preta moída na hora

1 colher de sopa de suco de limão fresco

1 colher de chá de raspas de limão

1/2 xícara de Parmigiano-Reggiano ralado

1.Prepare o caldo se necessário. Leve o caldo para ferver em fogo médio e abaixe o fogo para mantê-lo quente. Em uma panela grande e pesada, derreta 2 colheres de sopa de manteiga em fogo médio. Adicione a cebola e cozinhe, mexendo ocasionalmente, até dourar, cerca de 10 minutos.

descongelamento.Adicione o arroz e mexa com uma colher de pau até aquecer, cerca de 2 minutos. Adicione 1/2 xícara de caldo quente e mexa até que o líquido seja absorvido.

3.Continue adicionando 1/2 xícara de caldo de cada vez, mexendo após cada adição. Ajuste o fogo para que o líquido ferva rapidamente, mas o arroz não grude na panela. Na metade do cozimento, adicione sal e pimenta.

quatroUse apenas a quantidade de caldo necessária até que o arroz esteja macio, mas firme na mordida e o risoto fique cremoso. Quando você achar que está pronto, experimente o feijão. Se não estiver pronto, tente o teste novamente em cerca de um minuto. Se acabar o estoque antes do arroz ficar macio, use água quente. O tempo de cozimento será de 18 a 20 minutos.

5.Retire a panela de risoto do fogo. Adicione o suco e as raspas de limão, as 2 colheres de sopa restantes de manteiga e o queijo. Mexa até que a manteiga e o queijo derretam e fiquem cremosos. Eu gosto de especiarias. Sirva imediatamente.

risoto de espinafre

risoto de espinafre

Rende 6 porções

Se tiver manjericão fresco, adicione-o em vez da salsa. Em vez de espinafre, podem ser usados outros vegetais como acelga ou escarola.

5 xícarasSopa de galinha

1 quilo de espinafre fresco, lavado e escorrido

11/4 xícara de água

Sal

4 colheres de sopa de manteiga sem sal

1 cebola média picada finamente

2 xícaras (cerca de 1 libra) de arroz de grão médio, como Arborio, Carnaroli ou Vialone Nano

pimenta preta moída na hora

11/4 xícara de salsa fresca picada

1/2 xícara de Parmigiano-Reggiano ralado

1.Prepare o caldo se necessário. Leve o caldo para ferver em fogo médio e abaixe o fogo para mantê-lo quente. Em uma panela grande, misture o espinafre, a água e o sal a gosto. Cubra e deixe ferver. Cozinhe até que o espinafre esteja macio, cerca de 3 minutos. Escorra o espinafre e esprema levemente para extrair o suco. Pique o espinafre finamente.

descongelamento. Em uma frigideira grande e pesada, aqueça 3 colheres de sopa de manteiga em fogo médio. Quando a manteiga derreter, acrescente a cebola e cozinhe, mexendo sempre, até dourar, cerca de 10 minutos.

3.Adicione o arroz à cebola e cozinhe, mexendo com uma colher de pau, até aquecer bem, cerca de 2 minutos. Adicione 1/2 xícara de caldo quente e mexa até que o líquido seja absorvido. Continue adicionando 1/2 xícara de caldo de cada vez, mexendo após cada adição. Ajuste o fogo para que o líquido ferva rapidamente, mas o arroz não grude na panela. A meio da cozedura, adicione o espinafre e tempere.

quatroUse apenas a quantidade de caldo necessária até que o arroz esteja macio, mas firme na mordida e o risoto fique cremoso. Quando você achar que está pronto, experimente o feijão. Se não estiver pronto, tente o teste novamente em cerca de um minuto. Se acabar o estoque antes do arroz ficar macio, use água quente. O tempo de cozimento será de 18 a 20 minutos.

5.Retire a panela de risoto do fogo. Adicione a manteiga e o queijo restantes. Sirva imediatamente.

risoto de abóbora dourada

Risoto de abobrinha oro

Rende 4 a 6 porções

Nos mercados verdes italianos, os cozinheiros podem comprar grandes pedaços de abóbora para fazer risoto. A abóbora está mais próxima do sabor doce e da textura amanteigada das variedades italianas. Este risoto é uma especialidade de Mântua na Lombardia.

5 xícarasSopa de galinha

4 colheres de sopa de manteiga sem sal

1/4 xícara de chalotas ou cebolas picadas

2 xícaras de abóbora descascada e picada (cerca de 1 quilo)

2 xícaras de arroz de grão médio, como Arborio, Carnaroli ou Vialone Nano

11/2 xícara de vinho branco seco

Sal e pimenta preta moída na hora

1/2 xícara de Parmigiano-Reggiano ralado

1.Prepare o caldo se necessário. Leve o caldo para ferver em fogo médio e abaixe o fogo para mantê-lo quente. Em uma panela grande e pesada, derreta três colheres de sopa de manteiga em fogo médio. Adicione as chalotas e cozinhe, mexendo sempre, até dourar, cerca de 5 minutos.

descongelamento. Adicione a abóbora e 1/2 dl de caldo. Cozinhe até que o caldo evapore.

3.Adicione o arroz e cozinhe, mexendo com uma colher de pau, até aquecer bem, cerca de 2 minutos. Adicione o vinho até evaporar.

quatroAdicione 1/2 xícara de caldo quente e mexa até que o líquido seja absorvido. Continue adicionando 1/2 xícara de caldo de cada vez, mexendo após cada adição. Ajuste o fogo para que o líquido ferva rapidamente, mas o arroz não grude na panela. A meio da cozedura, adicione sal e pimenta a gosto.

5.Use apenas a quantidade de caldo necessária até que o arroz esteja macio, mas firme na mordida e o risoto fique cremoso. Quando você achar que está pronto, experimente o feijão. Se não estiver pronto, tente o teste novamente em cerca de um minuto. Se acabar o estoque antes do arroz ficar macio, use água quente. O tempo de cozimento será de 18 a 20 minutos.

6. Retire a panela de risoto do fogo. Adicione a manteiga e o queijo restantes. Sirva imediatamente.

Risoto veneziano com ervilhas

risi e bisi

Rende 6 porções

Em Veneza, este risoto é consumido para celebrar a chegada da primavera e os primeiros vegetais frescos da estação. Os venezianos preferem seu risoto bem grosso, então adicione uma colher de sopa extra de caldo ou água ao risoto finalizado se quiser autenticidade.

6 xícarasSopa de galinha

1 cebola amarela média, finamente picada

4 colheres de sopa de azeite

2 xícaras de arroz de grão médio, como Arborio, Carnaroli ou Vialone Nano

Sal e pimenta preta moída na hora

2 xícaras de ervilhas sem casca ou ervilhas congeladas, parcialmente descongeladas

2 colheres de sopa de salsinha picada finamente

1⁄2 xícara de Parmigiano-Reggiano ralado

2 colheres de sopa de manteiga sem sal

1.Prepare o caldo se necessário. Leve o caldo para ferver em fogo médio e abaixe o fogo para mantê-lo quente. Despeje o azeite em uma frigideira grande e pesada. Adicione a cebola e cozinhe em fogo médio até que a cebola fique macia e dourada, cerca de 10 minutos.

descongelamento. Adicione o arroz e cozinhe, mexendo com uma colher de pau, até aquecer bem, cerca de 2 minutos. adicione aprox. 1/2 xícara de caldo quente e mexa até absorver. Continue adicionando 1/2 xícara de caldo de cada vez, mexendo após cada adição. Ajuste o fogo para que o líquido ferva rapidamente, mas o arroz não grude na panela. A meio da cozedura, adicione sal e pimenta a gosto.

3.Adicione as ervilhas e a salsa. Continue adicionando o líquido e mexendo. O arroz deve estar macio, mas firme ao mordê-lo, e o risoto deve ficar solto e um pouco grosso. Use água quente se ficar sem estoque. O tempo de cozimento será de 18 a 20 minutos.

quatroQuando o arroz estiver macio, mas ainda firme, retire a panela do fogo. Adicione o queijo e a manteiga e misture bem. Sirva imediatamente.

Risoto Primavera

Risoto Primavera

Rende 4 a 6 porções

Pequenos pedaços de vegetais coloridos realçam este risoto brilhante e saboroso. Os vegetais são adicionados aos poucos para não cozinharem demais.

6 xícaras de caldo de legumes ou água

3 colheres de sopa de manteiga sem sal

1 colher de sopa de azeite

1 cebola média picada finamente

1 cenoura pequena picada

1 aipo pequeno picado

2 xícaras de arroz de grão médio, como Arborio, Carnaroli ou Vialone Nano

1 1/2 xícara de ervilhas congeladas ou frescas

1 xícara de cogumelos fatiados, de qualquer tipo

6 lanças de aspargos, aparadas e cortadas em pedaços de 1/2 polegada

Sal e pimenta preta moída na hora

1 tomate grande, sem caroço e picado

2 colheres de sopa de salsinha fresca picada finamente

1/2 xícara de Parmigiano-Reggiano ralado

1.Prepare o caldo se necessário. Leve o caldo para ferver em fogo médio e abaixe o fogo para mantê-lo quente. Em uma frigideira grande e pesada, misture 2 colheres de sopa de manteiga e óleo em fogo médio. Quando a manteiga derreter, acrescente a cebola e refogue até dourar, cerca de 10 minutos.

descongelamento.Adicione a cenoura e o aipo e cozinhe por 2 minutos. Adicione o arroz até ficar bem revestido.

3.Adicione 1/2 xícara de caldo e cozinhe, mexendo sempre com uma colher de pau, até que o líquido seja absorvido.

Continue adicionando 1/2 xícara de caldo de cada vez, mexendo após cada adição por 10 minutos. Ajuste o fogo para que o líquido ferva rapidamente, mas o arroz não grude na panela.

quatroAdicione as ervilhas, os cogumelos e metade dos aspargos. Adicione sal e pimenta a gosto. Continue adicionando o caldo e mexa por mais 10 minutos. Adicione os espargos e o tomate restantes. Adicione o caldo e mexa até o arroz ficar firme, mas macio para morder e o risoto ficar cremoso. Quando você achar que está pronto, experimente o feijão. Se não estiver pronto, tente o teste novamente em cerca de um minuto.

5.Retire a panela de risoto do fogo. Eu gosto de especiarias. Adicione a salsa e a manteiga restante. Adicione o queijo. Sirva imediatamente.

Risoto de tomate e fontina

Risoto com Pomodori e Fontina

Rende 6 porções

A autêntica Fontina Valle d'Aosta tem um sabor pronunciado de nozes, frutado e terroso, ao contrário da fontina feita em outros lugares. Vale a pena experimentar este risoto do noroeste da Itália. Este prato acompanha bem um vinho branco floral como o Arneis, da região vizinha do Piemonte.

5 xícaras<u>Sopa de galinha</u>

3 colheres de sopa de manteiga sem sal

1 cebola média picada finamente

1 xícara de tomate pelado, sem sementes e picado

2 xícaras de arroz de grão médio, como Arborio, Carnaroli ou Vialone Nano

11/2 xícara de vinho branco seco

Sal e pimenta preta moída na hora

4 onças de Fontina Valle d'Aosta, ralada

1⁄2 xícara de Parmigiano-Reggiano ralado

1.Prepare o caldo se necessário. Leve o caldo para ferver em fogo médio e abaixe o fogo para mantê-lo quente. Derreta a manteiga em uma panela grande e pesada em fogo médio. Adicione a cebola e cozinhe, mexendo de vez em quando, até a cebola ficar macia e dourada, cerca de 10 minutos.

descongelamento.Adicione os tomates. Cozinhe até que a maior parte do líquido tenha evaporado, cerca de 10 minutos.

3.Adicione o arroz e cozinhe, mexendo com uma colher de pau, até aquecer bem, cerca de 2 minutos. Despeje o vinho e 1/2 xícara de caldo sobre o arroz. Cozinhe e mexa até que a maior parte do líquido seja absorvida.

quatroContinue adicionando caldo por aprox. 1/2 xícara de cada vez, mexendo após cada adição. Ajuste o fogo para que o líquido ferva rapidamente, mas o arroz não grude na panela. Na metade do cozimento, adicione sal e pimenta.

5.Use apenas a quantidade de caldo necessária até que o arroz esteja macio, mas firme na mordida e o risoto fique cremoso. Quando você achar que está pronto, experimente o feijão. Se não estiver pronto, tente o teste novamente em cerca de um minuto. Se acabar o estoque antes do arroz ficar macio, use água quente. O tempo de preparo é de 18 a 20 minutos.

6.Retire a panela de risoto do fogo. Adicione os queijos. Eu gosto de especiarias. Sirva imediatamente.

Risoto de camarão e aipo

Risoto com Gamberi e Sedano

Rende 6 porções

Muitas receitas italianas são temperadas com refogados, uma combinação de óleo ou manteiga, ou às vezes ambos, e vegetais aromáticos, que podem incluir, mas não estão limitados a, cebola, aipo, cenoura, alho e às vezes ervas. Carne de porco salgada ou pancetta às vezes é adicionada a um refogado para dar sabor a carne.

Como a maioria dos cozinheiros italianos que conheço, prefiro colocar todos os ingredientes salteados na frigideira de uma vez, depois ligar o fogo para que tudo aqueça e cozinhe delicadamente para poder controlar melhor os resultados. Eu mexo o refogado com frequência, às vezes cozinhando até que os vegetais estejam macios para obter um sabor suave ou até que estejam dourados para obter profundidade. Se você aquecer o óleo ou a manteiga primeiro, a gordura pode ficar muito quente se a panela for fina, o fogo estiver muito alto ou se perder momentaneamente. Assim, quando os outros sabores de soffritto são adicionados, eles douram muito rapidamente e de forma irregular.

O refogado desta receita da Emilia-Romagna é feito em duas etapas. Comece apenas com o azeite e a cebola, pois quero que a cebola liberte o seu sabor no azeite e desapareça um pouco no fundo. O segundo passo é cozinhar o aipo, a salsa e o alho para que o aipo fique ligeiramente crocante mas liberte o seu sabor e crie outra camada de sabor com a salsa e o alho.

Se você comprar camarão com casca, guarde-o para fazer um saboroso caldo de camarão. Se estiver com pressa, você pode comprar camarão descascado e usar apenas caldo de frango ou peixe, ou até mesmo água.

6 xícaras caseirasSopa de galinhaou comprei caldo de peixe

1 quilo de camarão médio

1 cebola pequena, finamente picada

2 colheres de sopa de azeite

1 xícara de aipo picado

2 dentes de alho picados finamente

2 colheres de sopa de salsa fresca picada

2 xícaras de arroz de grão médio, como Arborio, Carnaroli ou Vialone Nano

Sal e pimenta preta moída na hora a gosto.

1 colher de sopa de manteiga sem sal ou azeite extra virgem

1. Prepare o caldo se necessário. A seguir, descasque e retire os camarões, guardando as cascas. Corte o camarão em pedaços de 1/2 polegada e reserve. Coloque as cascas em uma panela grande junto com o caldo. Deixe ferver e cozinhe por 10 minutos. Coe o caldo e descarte as cascas. Volte o caldo para a panela e leve ao fogo bem baixo.

descongelamento. Em uma panela grande e pesada, refogue a cebola no azeite em fogo médio, mexendo sempre, por cerca de 5 minutos. Adicione o aipo, o alho e a salsa e cozinhe por mais 5 minutos.

3. Adicione o arroz aos legumes e misture bem. Adicione 1/2 xícara de caldo e cozinhe, mexendo, até que o líquido seja

absorvido. Continue adicionando 1/2 xícara de caldo de cada vez, mexendo após cada adição. Ajuste o fogo para que o líquido ferva rapidamente, mas o arroz não grude na panela.

quatroQuando o arroz estiver quase cozido, acrescente o camarão e tempere a gosto. Use apenas a quantidade de caldo necessária até que o arroz fique macio, mas firme na mordida e o risoto fique macio e cremoso. Quando você achar que está pronto, experimente o feijão. Se não estiver pronto, tente o teste novamente em cerca de um minuto. Se acabar o estoque antes do arroz ficar macio, use água quente. O tempo de preparo é de 18 a 20 minutos.

5.Retire o risoto do fogo. Adicione manteiga ou óleo e mexa até incorporar. Sirva imediatamente.

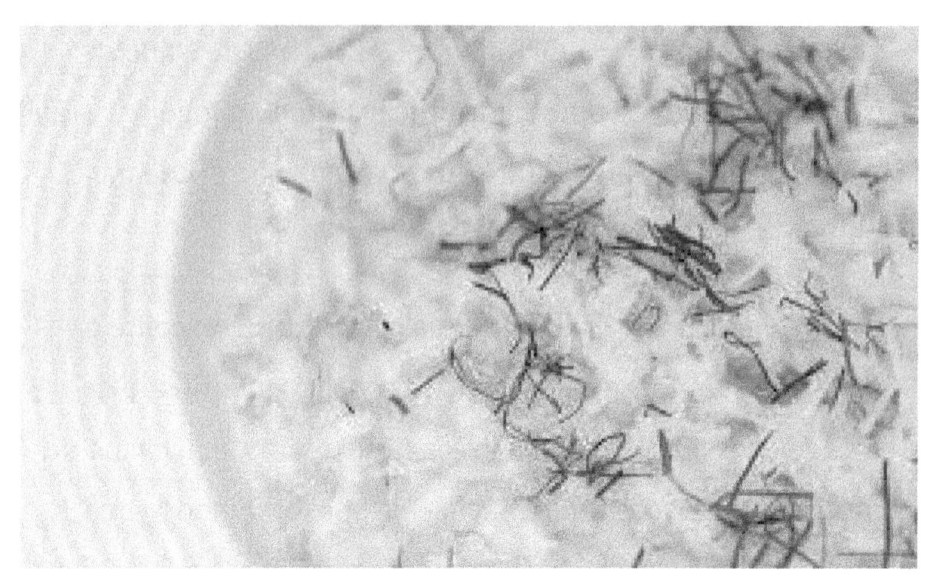

Risoto com "frutos do mar"

Risoto com Frutti di Mare

Rende 4 a 6 porções

A este risoto podem ser adicionados pequenos mexilhões ou amêijoas, ou ainda pedaços de peixe firme como o atum. Os cozinheiros do Vêneto, de onde vem esta receita, preferem o arroz Vialone Nano.

6 xícaras<u>Sopa de galinha</u>ou água

6 colheres de sopa de azeite

2 colheres de sopa de salsa fresca picada

2 dentes grandes de alho picados finamente

1Polvo de /2 libra (lula), cortado em anéis de 1/2 polegada e os tentáculos cortados ao meio na parte inferior (veja<u>Limpeza de polvo (polvo)</u>)

1Camarão de /4 libra, descascado e limpo e cortado em pedaços de 1/2 polegada

1Vieiras de ⁄4 libra, cortadas em pedaços de 1⁄2 polegada

Sal

pitada de pimenta vermelha esmagada

1 cebola média picada finamente

2 xícaras de arroz de grão médio, como Arborio, Carnaroli ou Vialone Nano

11/2 xícara de vinho branco seco

1 xícara de tomate pelado, sem sementes e picado

1.Prepare o caldo se necessário. Coloque 3 colheres de sopa de azeite com o alho e a salsa em uma frigideira larga e grossa. Cozinhe em fogo médio, mexendo ocasionalmente, até o alho ficar macio e dourado, cerca de 2 minutos. Adicione todos os mariscos, sal a gosto e pimenta vermelha e cozinhe, mexendo, até a lula ficar opaca, cerca de 5 minutos.

descongelamento.Coloque os mariscos num prato com a ajuda de uma escumadeira. Adicione o caldo de galinha à panela e deixe ferver. Mantenha o caldo em fogo bem baixo enquanto o risoto cozinha.

3. Em uma panela larga e pesada em fogo médio, cozinhe a cebola nas 3 colheres de sopa restantes de óleo até dourar, cerca de 10 minutos.

quatroAdicione o arroz e cozinhe, mexendo com uma colher de pau, até aquecer bem, cerca de 2 minutos. Adicione o vinho. Cozinhe até que a maior parte do líquido seja absorvida. Adicione 1/2 xícara de caldo quente e mexa até que o líquido seja absorvido. Continue adicionando 1/2 xícara de caldo de cada vez, mexendo após cada adição. Ajuste o fogo para que o líquido ferva rapidamente, mas o arroz não grude na panela. A meio da cozedura, adicione o tomate e o sal a gosto.

5. Use apenas a quantidade de caldo necessária até que o arroz esteja macio, mas firme na mordida e o risoto fique cremoso. Quando você achar que está pronto, experimente o feijão. Se não estiver pronto, tente o teste novamente em cerca de um minuto. Se acabar o estoque antes do arroz

ficar macio, use água quente. O tempo de preparo é de 18 a 20 minutos.

6.Adicione os mariscos à panela e cozinhe mais 1 minuto. Retire a panela de risoto do fogo. Sirva imediatamente.

Borrego Assado com Batata, Alho e Alecrim

Agnello al Forno

Rende 6 porções

Os italianos serviriam este cordeiro bem passado, mas acho que fica melhor quando médio, que fica em torno de 130°F em um termômetro instantâneo. Deixe o cordeiro descansar depois de assado para que o suco volte ao centro da carne.

6 batatas multiuso, descascadas e cortadas em pedaços de 2,5 cm

3 colheres de sopa de azeite

Sal e pimenta preta moída na hora

1 perna de cordeiro desossada, aparada (cerca de 5 1/2 libras)

6 dentes de alho picados finamente

2 colheres de sopa de alecrim fresco picado

1. Coloque uma gradinha no meio do forno. Pré-aqueça o forno a 350°F. Coloque as batatas em uma assadeira grande

o suficiente para conter a carne e as batatas sem aglomerar. Misture com azeite, sal e pimenta a gosto.

descongelamento. Faça pequenos cortes em todo o cordeiro com uma faca pequena. Coloque um pouco de alho e alecrim nos buracos e reserve um pouco para as batatas. Polvilhe generosamente a carne com sal e pimenta. Separe as batatas e acrescente a carne, com a gordura voltada para cima.

3.Coloque a assadeira no forno e asse por 30 minutos. Vire as batatas. Grelhe por mais 30 a 45 minutos ou até que a temperatura interna marque 130°F em um termômetro de leitura instantânea inserido na parte mais grossa da carne, longe dos ossos. Retire a assadeira do forno e transfira o cordeiro para uma tábua. Cubra a carne com papel alumínio. Deixe descansar pelo menos 15 minutos antes de cortar.

quatroTeste o cozimento das batatas picando-as com uma faca afiada. Se precisarem de mais cozimento, pré-aqueça o forno a 400°F. Retorne a panela ao forno e cozinhe até ficar macio.

5.Corte o cordeiro em rodelas e sirva quente com as batatas.

Perna de cordeiro com limão, ervas e alho

staccato agnello

Rende 6 porções

Manjericão, hortelã, alho e limão dão sabor a este cordeiro assado. Uma vez no forno, não há muito o que fazer. Este é o prato perfeito para um pequeno jantar ou jantar de domingo. Adicione batatas, cenouras, nabos ou outras raízes à assadeira, se desejar.

1 perna de cordeiro em fatias finas (cerca de 3 libras)

2 dentes de alho

2 colheres de sopa de manjericão fresco picado

1 colher de sopa de hortelã fresca picada

1/4 xícara de Pecorino Romano ou Parmigiano-Reggiano ralado na hora

1 colher de chá de raspas de limão

11/2 colher de chá de orégano seco

Sal e pimenta preta moída na hora

2 colheres de sopa de azeite

1.Coloque uma gradinha no centro do forno. Pré-aqueça o forno a 425°F.

descongelamento. Pique finamente o alho, o manjericão e a hortelã. Em uma tigela pequena, misture a mistura com o queijo, as raspas de limão e o orégano. Adicione 1 colher de chá de sal e pimenta moída na hora a gosto. Usando uma faca pequena, faça cortes de cerca de 3/4 polegadas de profundidade na carne. Coloque um pouco da mistura de ervas em cada buraco. Esfregue o azeite por toda a carne. Asse por 15 minutos.

3.Reduza o fogo para 350 ° F. Grelhe por mais 1 hora ou até que a carne esteja mal passada e a temperatura interna atinja 130 ° F em um termômetro de leitura instantânea colocado na parte mais grossa, mas sem tocar o osso.

quatroRetire o cordeiro do forno e transfira-o para uma tábua. Cubra o cordeiro com papel alumínio e deixe descansar por 15 minutos antes de fatiar. Servir quente.

Abobrinha recheada com cordeiro refogado

amadurecimento de abobrinha

Rende 6 porções

Uma perna de cordeiro alimenta uma multidão, mas depois de um pequeno jantar muitas vezes tenho sobras. É aí que preparo essas saborosas abobrinhas recheadas. Outros tipos de carne cozida ou mesmo aves podem ser substituídos.

2 a 3 fatias (1/2 polegada de espessura) de pão italiano

11/4 xícara de leite

1 libra de cordeiro cozido

2 ovos grandes

2 colheres de sopa de salsa fresca picada

2 dentes de alho picados finamente

1/2 xícara de Pecorino Romano ou Parmigiano-Reggiano ralado na hora

Sal e pimenta preta moída na hora

6 abobrinhas médias lavadas e cortadas

2 xícaras de molho de tomate, por ex.molho marinara

1.Coloque uma gradinha no centro do forno. Pré-aqueça o forno a 425°F. Unte uma assadeira de 13x9x2 polegadas.

descongelamento. Retire a crosta do pão e corte-o em pedaços. (Você deve ter cerca de 1 xícara.) Coloque os pedaços em uma tigela média, despeje o leite e deixe descansar.

3.Pique a carne bem fininha no processador de alimentos. Transfira para uma tigela grande. Adicione os ovos, a salsa, o alho, o pão de molho, 1/4 xícara de queijo, sal e pimenta a gosto. Misture bem.

quatroCorte a abobrinha ao meio no sentido do comprimento. Raspe as sementes. Recheie a abobrinha com a mistura de carne. Disponha as abobrinhas lado a lado no prato. Despeje o molho e polvilhe com o queijo restante.

5.Asse por 35 a 40 minutos ou até que o recheio esteja cozido e a abobrinha macia. Sirva quente ou em temperatura ambiente.

Coelho com vinho branco e ervas

Vinho branco coniglio

Rende 4 porções

Esta é uma receita básica de coelho da Ligúria que pode ser variada adicionando azeitonas pretas ou verdes ou outras ervas. Os cozinheiros desta região preparam o coelho de diferentes maneiras, inclusive com pinhões, cogumelos ou alcachofras.

1 coelho (2 1/2 a 3 libras), cortado em 8 pedaços

Sal e pimenta preta moída na hora

3 colheres de sopa de azeite

1 cebola pequena, finamente picada

1 1/2 xícara de cenoura picada

1 1/2 xícara de aipo picado

1 colher de sopa de folhas frescas de alecrim picadas

1 colher de chá de tomilho fresco picado

1 folha de louro

11/2 xícara de vinho branco seco

1 xícara de caldo de galinha

1.Lave os pedaços de coelho e seque-os com papel absorvente. Polvilhe com sal e pimenta.

descongelamento. Em uma frigideira grande, aqueça o azeite em fogo médio. Adicione o coelho e doure levemente por todos os lados, cerca de 15 minutos.

3.Espalhe a cebola, a cenoura, o aipo e as ervas em volta dos pedaços de coelho e cozinhe até a cebola ficar macia, cerca de 5 minutos.

quatroAdicione o vinho e deixe ferver. Cozinhe até que a maior parte do líquido tenha evaporado, cerca de 2 minutos. Adicione o caldo e deixe ferver. Reduza o fogo ao mínimo. Tampe a panela e cozinhe, virando o coelho de vez em quando com uma pinça, até ficar macio ao furar com um garfo, cerca de 30 minutos.

5.Transfira o coelho para uma travessa. Cubra e mantenha aquecido. Aumente o fogo e cozinhe o conteúdo da panela até reduzir e engrossar, aprox. 2 minutos. Descarte a folha de louro.

6.Despeje o conteúdo da panela sobre o coelho e sirva imediatamente.

coelho com azeitonas

Coniglio todas as estimperatas

Rende 4 porções

Pimenta vermelha, azeitonas verdes e alcaparras dão sabor a este prato de coelho siciliano. O termo alla stimperata é aplicado a várias receitas sicilianas, embora o seu significado não seja claro. Isto pode vir de temperare, que significa "dissolver, diluir ou misturar" e refere-se a adicionar água à panela enquanto cozinha o coelho.

1 coelho (21⁄2 a 3 libras), cortado em 8 pedaços

11/4 xícara de azeite

3 dentes de alho picados

1 xícara de azeitonas verdes sem caroço, enxaguadas e escorridas

2 pimentões vermelhos cortados em tiras finas

1 colher de sopa de alcaparras, enxaguadas

pitada de orégano

Sal e pimenta preta moída na hora

2 colheres de sopa de vinagre de vinho branco

$1$1/2 xícara de água

1.Lave os pedaços de coelho e seque-os com papel absorvente.

descongelamento. Em uma frigideira grande, aqueça o azeite em fogo médio. Adicione o coelho e doure bem os pedaços por todos os lados, cerca de 15 minutos. Transfira os pedaços de coelho para um prato.

3.Adicione o alho à panela e cozinhe por 1 minuto. Adicione as azeitonas, os pimentões, as alcaparras e o orégano. Cozinhe, mexendo, por 2 minutos.

quatroDevolva o coelho para a panela. Tempere com sal e pimenta a gosto. Adicione o vinagre e a água e deixe ferver. Reduza o fogo ao mínimo. Cubra e cozinhe, virando o coelho de vez em quando, até ficar macio quando furado com um garfo, cerca de 30 minutos. Adicione um pouco de água se o líquido evaporar. Transfira para uma travessa e sirva quente.

Coelho estilo Porchetta

Coniglio em Porchetta

Rende 4 porções

A combinação de temperos para fazer o porco assado é tão deliciosa que os chefs a adaptaram a outras carnes mais confortáveis de cozinhar. A erva-doce selvagem é usada na região de Marche, mas as sementes secas de erva-doce podem ser substituídas.

1 coelho (2½ a 3 libras), cortado em 8 pedaços

Sal e pimenta preta moída na hora

2 colheres de sopa de azeite

2 onças de bacon

3 dentes de alho picados finamente

2 colheres de sopa de alecrim fresco picado

1 colher de sopa de sementes de erva-doce

2 ou 3 folhas de sálvia

1 folha de louro

1 copo de vinho branco seco

11/2 xícara de água

1.Lave os pedaços de coelho e seque-os com papel absorvente. Polvilhe com sal e pimenta.

descongelamento. Em uma frigideira grande o suficiente para conter os pedaços de coelho em uma única camada, aqueça o azeite em fogo médio. Disponha os pedaços no prato. Espalhe o bacon por todos os lados. Cozinhe até que o coelho esteja dourado de um lado, cerca de 8 minutos.

3.Vire o coelho e polvilhe alho, alecrim, erva-doce, sálvia e louro por todos os lados. Quando o coelho estiver bem dourado do outro lado, depois de aprox. 7 minutos, acrescente o vinho e mexa, raspando o fundo da panela. Doure o vinho por 1 minuto.

quatroCozinhe, descoberto, virando a carne de vez em quando, até o coelho ficar bem macio e caindo do osso, cerca de 30 minutos. (Adicione um pouco de água se a panela ficar muito seca.)

5.Descarte a folha de louro. Transfira o coelho para uma travessa e sirva quente com o suco do cozimento.

coelho com tomate

Coniglio alla Ciociara

Rende 4 porções

Na região de Ciociara, nos arredores de Roma, conhecida pela sua deliciosa culinária, o coelho é cozido em molho de tomate e vinho branco.

1 coelho (21⁄2 a 3 libras), cortado em 8 pedaços

2 colheres de sopa de azeite

2 onças de pancetta, cortada em fatias grossas e picada

2 colheres de sopa de salsa fresca picada

1 dente de alho levemente esmagado

Sal e pimenta preta moída na hora

1 copo de vinho branco seco

2 xícaras de tomate italiano, descascado, sem sementes e picado

1.Lave os pedaços de coelho e seque-os com papel absorvente. Aqueça o azeite em uma panela grande em fogo médio. Coloque o coelho na frigideira e depois acrescente a pancetta, a salsa e o alho. Cozinhe até que o coelho esteja bem dourado por todos os lados, cerca de 15 minutos. Polvilhe com sal e pimenta.

descongelamento. Retire o alho da panela e descarte. Adicione o vinho e cozinhe por 1 minuto.

3.Reduza o fogo ao mínimo. Adicione os tomates e cozinhe até que o coelho esteja macio e caindo do osso, cerca de 30 minutos.

quatroTransfira o coelho para uma travessa e sirva quente com o molho.

Coelho assado agridoce

Coniglio em Agrodolce

Rende 4 porções

Os sicilianos são conhecidos pela sua gula, um legado do domínio árabe da ilha que durou pelo menos duzentos anos. Passas, açúcar e vinagre conferem a este coelho um sabor ligeiramente agridoce.

1 coelho (2½ a 3 libras), cortado em 8 pedaços

2 colheres de sopa de azeite

2 onças de bacon cortado grosso, picado

1 cebola média picada finamente

Sal e pimenta preta moída na hora

1 copo de vinho branco seco

2 dentes inteiros

1 folha de louro

1 xícara de caldo de carne ou frango

1 colher de açúcar

11/4 xícara de vinagre de vinho branco

2 colheres de sopa de passas

2 colheres de sopa de pinhões

2 colheres de sopa de salsa fresca picada

1.Lave os pedaços de coelho e seque-os com papel absorvente. Em uma frigideira grande, aqueça o azeite e o bacon em fogo médio por 5 minutos. Adicione o coelho e cozinhe de um lado até dourar, cerca de 8 minutos. Vire os pedaços de coelho com uma pinça e distribua a cebola por todos os lados. Polvilhe com sal e pimenta.

descongelamento. Adicione o vinho, o cravo e a folha de louro. Leve o líquido para ferver e cozinhe até que a maior parte do vinho tenha evaporado, cerca de 2 minutos. Adicione o caldo e tampe a panela. Reduza o fogo e cozinhe até que o coelho esteja macio, 30 a 45 minutos.

3. Transfira os pedaços de coelho para um prato. (Se sobrar muito líquido, cozinhe em fogo alto até reduzir.) Adicione o açúcar, o vinagre, as passas e os pinhões. Mexa até que o açúcar se dissolva, cerca de 1 minuto.

quatro Volte o coelho para a panela e cozinhe, virando os pedaços no molho, até ficar bem revestido, cerca de 5 minutos. Adicione a salsa e sirva quente com o suco do cozimento.

Coelho assado com batatas

Coniglio Arrosto

Rende 4 porções

Na casa da minha amiga Dora Marzovilla, um jantar de domingo ou uma refeição de ocasião especial geralmente começa com uma variedade de vegetais assados, tenros e crocantes, como corações de alcachofra ou aspargos, seguidos por tigelas fumegantes de orecchiette ou cavatelli caseiro misturado com um delicioso ragù feito com pequenos almôndegas. Dora, de Rutigliano na Puglia, é uma cozinheira maravilhosa e este prato de coelho, que serve como prato principal, é uma das suas especialidades.

1 coelho (21/2 a 3 libras), cortado em 8 pedaços

11/4 xícara de azeite

1 cebola média picada finamente

2 colheres de sopa de salsa fresca picada

1/2 xícara de vinho seco

Sal e pimenta preta moída na hora

4 batatas médias multiuso, descascadas e cortadas em cubos de 2,5 cm

1 1/2 xícara de água

1 1/2 colher de chá de orégano

1. Lave os pedaços de coelho e seque-os com papel absorvente. Em uma frigideira grande, aqueça duas colheres de sopa de óleo em fogo médio. Adicione o coelho, a cebola e a salsa. Cozinhe, virando os pedaços de vez em quando, até dourar levemente, cerca de 15 minutos. Adicione o vinho e cozinhe por mais 5 minutos. Polvilhe com sal e pimenta.

descongelamento. Coloque uma gradinha no centro do forno. Pré-aqueça o forno a 425°F. Unte uma assadeira grande o suficiente para conter todos os ingredientes em uma única camada.

3. Espalhe as batatas na panela e misture com as 2 colheres de sopa restantes de óleo. Adicione o conteúdo da panela à

panela e arrume os pedaços de coelho em volta das batatas. Adicione a água. Polvilhe com orégano e tempere com sal e pimenta. Cubra o prato com papel alumínio. Asse por 30 minutos. Descubra e cozinhe por mais 20 minutos ou até que as batatas estejam macias.

quatroTransfira para um prato de servir. Servir quente.

alcachofras marinadas

carciofi marinati

Rende 6 a 8 porções

Estas alcachofras são excelentes em saladas, com carnes frias ou num sortido de antepastos. As alcachofras podem ser conservadas por pelo menos duas semanas na geladeira.

Se não tiver mini alcachofras, substitua-as por alcachofras médias, cortadas em oito cubos.

1 xícara de vinagre de vinho branco

2 xícaras de água

1 folha de louro

1 dente de alho inteiro

8 a 12 alcachofras pequenas cortadas em quartos (verPara preparar alcachofras inteiras)

pitada de pimenta vermelha esmagada

Sal

azeite extra virgem

1.Misture o vinagre, a água, o louro e o alho em uma panela grande. Leve o líquido para ferver.

descongelamento. Adicione as alcachofras, a pimenta vermelha esmagada e o sal a gosto. Cozinhe até ficar macio quando furado com uma faca, 7 a 10 minutos. Saia do fogo. Despeje o conteúdo da panela por uma peneira fina em uma tigela. Guarde o líquido.

3.Embale as alcachofras em potes esterilizados. Despeje o líquido do cozimento para cobrir. Deixe esfriar completamente. Cubra e leve à geladeira por pelo menos 24 horas ou até 2 semanas.

quatroPara servir, escorra as alcachofras e regue com azeite.

Alcachofras romanas

Carciofi alla Romana

Rende 8 porções

Pequenas fazendas em Roma produzem muitas alcachofras frescas na primavera e alcachofras no outono. Pequenos caminhões os levam aos mercados locais, onde são vendidos diretamente na traseira do caminhão. As alcachofras têm caules longos e folhas ainda presas porque os caules, uma vez descascados, são bons para comer. Os romanos cozinhavam alcachofras com o caule voltado para cima. Eles ficam muito atraentes quando colocados em um prato de servir.

2 dentes grandes de alho picados finamente

2 colheres de sopa de salsa fresca picada

1 colher de sopa de hortelã fresca picada ou 1/2 colher de chá de manjerona seca

Sal e pimenta preta moída na hora

11/4 xícara de azeite

8 alcachofras médias, preparadas para enfeitar (verPara preparar alcachofras inteiras)

11/2 xícara de vinho branco seco

1.Em uma tigela pequena, misture o alho, a salsa e a hortelã ou manjerona. Adicione sal e pimenta a gosto. Adicione 1 colher de sopa de óleo.

descongelamento. Espalhe com cuidado as folhas de alcachofra e coloque um pouco da mistura de alho no centro. Aperte levemente as alcachofras para segurar o recheio e coloque o caule voltado para cima em uma forma grande o suficiente para ficar em pé. Despeje o vinho em volta das alcachofras. Adicione água a uma profundidade de 3/4 de polegada. Regue as alcachofras com o azeite restante.

3.Tampe a panela e leve o líquido para ferver em fogo médio. Cozinhe por 45 minutos ou até que as alcachofras estejam macias quando furadas com uma faca. Sirva quente ou em temperatura ambiente.

Alcachofras cozidas

Carciofi Stufati

Rende 8 porções

As alcachofras fazem parte da família do cardo e crescem em plantas baixas e espessas. Eles são encontrados em muitos lugares no sul da Itália e muitas pessoas os cultivam em suas hortas caseiras. Uma alcachofra é na verdade uma flor fechada. Alcachofras muito grandes crescem no topo do arbusto, enquanto as menores crescem perto da base. Alcachofras pequenas, muitas vezes chamadas de alcachofras infantis, são perfeitas para refogar. Prepare-os para cozinhar como faria com uma alcachofra maior. Sua textura e sabor amanteigados e suaves são especialmente bons com peixes.

1 cebola pequena, finamente picada

11/4 xícara de azeite

1 dente de alho picado

2 colheres de sopa de salsa fresca picada

2 libras, bebêalcachofras, aparado e cortado em quartos

11/2 xícara de água

Sal e pimenta preta moída na hora

1.Em uma panela grande, refogue a cebola no azeite em fogo médio até ficar macia, cerca de 10 minutos. Adicione o alho e a salsa.

descongelamento. Adicione as alcachofras à panela e misture bem. Adicione água e sal e pimenta a gosto. Cubra e cozinhe até que as alcachofras estejam macias quando furadas com uma faca, cerca de 15 minutos. Sirva quente ou em temperatura ambiente.

Variação: No passo 2, adicione 3 batatas médias, descascadas e cortadas em cubos de 2,5 cm, junto com a cebola.

Alcachofras com favas

Carciofi alla Giudia

Rende 4 porções

*Os judeus chegaram pela primeira vez a Roma no século I aC.
Eles se estabeleceram perto do Tibre e em 1556 foram
confinados a um gueto fortificado pelo Papa Paulo IV. Muitos
eram pobres e sobreviviam com alimentos simples e baratos
disponíveis, como bacalhau, abobrinha e alcachofra. Quando os
muros do gueto caíram, em meados do século XIX, os judeus de
Roma tinham desenvolvido o seu próprio estilo de cozinhar,
que mais tarde se espalhou por outros romanos. Hoje, pratos
judaicos como flores de abobrinha recheadas fritas,Nhoque de
semolina, e essas alcachofras são consideradas clássicos
romanos.*

*O bairro judeu de Roma ainda existe e existem vários bons
restaurantes onde pode experimentar este estilo de cozinha. No
Piperno e no Da Giggetto, duas trattorias preferidas, essas
alcachofras fritas são servidas quentes e com bastante sal. As
folhas são crocantes como batatas fritas. A casquinha vai*

respingar durante o cozimento, então fique longe do fogão e proteja as mãos.

4 maneirasalcachofras, preparado como recheio

Azeite

Sal

1.Seque as alcachofras. Coloque uma alcachofra de cabeça para baixo sobre uma superfície plana. Pressione a alcachofra com a palma da mão para achatá-la e abrir as folhas. Repita com o resto das alcachofras. Vire-os de modo que as pontas das folhas fiquem voltadas para cima.

descongelamento.Em uma frigideira grande e funda ou em uma panela larga e pesada, aqueça cerca de 5 cm de azeite em fogo médio até que uma folha de alcachofra deslize para dentro do óleo e fique levemente dourada. Proteja a mão com uma luva de forno, pois o óleo pode respingar e respingar se as alcachofras estiverem molhadas. Adicione as alcachofras com as pontas das folhas voltadas para baixo. Cozinhe, pressionando as alcachofras no óleo com uma escumadeira, até dourar de um lado, cerca de 10 minutos. Usando uma pinça, vire cuidadosamente as alcachofras e cozinhe até dourar, cerca de mais 10 minutos.

3.Escorra em papel toalha. Polvilhe com sal e sirva imediatamente.

Ensopado de legumes primavera estilo romano

o enólogo

Rende 4 a 6 porções

Os italianos estão muito atentos às estações do ano, e a chegada dos primeiros cocos da primavera sinaliza que o inverno acabou e o tempo quente voltará em breve. Para comemorar, os romanos comem tigelas deste ensopado de legumes frescos da primavera com alcachofras como prato principal.

4 onças de bacon fatiado, picado

11/4 xícara de azeite

1 cebola média picada

4 maneirasalcachofras, aparado e cortado em quartos

1 libra de feijão-de-lima, sem casca ou no lugar de 1 xícara de feijão-de-lima ou congelado

1/2 xícaraSopa de galinha

Sal e pimenta preta moída na hora

1 libra de ervilhas frescas, sem casca (cerca de 1 xícara)

2 colheres de sopa de salsa fresca picada

1.Em uma frigideira grande, cozinhe a pancetta no azeite em fogo médio. Mexa sempre, até que a pancetta comece a dourar, 5 minutos. Adicione a cebola e cozinhe até dourar, mais cerca de 10 minutos.

descongelamento. Adicione as alcachofras, o feijão, o caldo, o sal e a pimenta a gosto. Abaixe o fogo. Cubra e cozinhe por 10 minutos ou até que as alcachofras estejam quase macias quando furadas com uma faca. Adicione as ervilhas e a salsa e cozinhe por mais 5 minutos. Sirva quente ou em temperatura ambiente.

corações de alcachofra crocantes

Fritti Carciofini

Rende 6 a 8 porções

Nos Estados Unidos, as alcachofras são cultivadas principalmente na Califórnia, onde os imigrantes italianos as plantaram pela primeira vez no início do século XX. As variedades são diferentes das italianas e muitas vezes estão muito maduras na colheita, o que às vezes as torna duras e amadeiradas. Corações de alcachofra congelados podem ser muito bons e economizar muito tempo. Às vezes eu os uso para esta receita. Corações de alcachofra fritos ficam deliciosos com costeletas de cordeiro ou como aperitivo.

12 bebêalcachofras, fatiados e divididos em quartos, ou 2 pacotes (10 onças) de corações de alcachofra congelados, levemente cozidos de acordo com as instruções da embalagem

3 ovos grandes, batidos

Sal

2 xícaras de pão ralado seco

Óleo para fritar

Fatias de limão

1.Alcachofras secas frescas ou cozidas. Em uma tigela média rasa, bata os ovos com sal a gosto. Espalhe a farinha de rosca em um pedaço de papel manteiga.

descongelamento.Coloque uma gradinha em uma assadeira. Mergulhe as alcachofras na mistura de ovos e cubra-as com pão ralado. Coloque as alcachofras na grelha para secar pelo menos 15 minutos antes de cozinhar.

3.Forre uma bandeja com toalhas de papel. Despeje o óleo a uma profundidade de 2,5 cm em uma frigideira grande e pesada. Aqueça o óleo até que uma gota da mistura de ovos chie. Adicione alcachofras suficientes para caber confortavelmente na frigideira sem grudar. Cozinhe, virando os pedaços com uma pinça, até dourar, cerca de 4 minutos. Escorra em papel toalha e mantenha aquecido enquanto as alcachofras restantes cozinham, repartidas se necessário.

quatroPolvilhe com sal e sirva quente com rodelas de limão.

Alcachofras recheadas

carciofi ripieni

Rende 8 porções

É assim que minha mãe sempre fazia alcachofras: é um preparo clássico em todo o sul da Itália. A cobertura é suficiente para temperar as alcachofras e realçar seu sabor. Muito recheio deixa as alcachofras moles e pesadas, por isso não aumente a quantidade de pão ralado e em qualquer caso use pão ralado de boa qualidade. As alcachofras podem ser preparadas com antecedência e servidas em temperatura ambiente ou comidas quentes e frescas.

8 médioalcachofras, preparado para recheio

3/4 xícara de pão ralado seco

11/4 xícara de salsa fresca picada

1/4 xícara de Pecorino Romano ou Parmigiano-Reggiano ralado na hora

1 dente de alho bem picado

Sal e pimenta preta moída na hora

Azeite

1.Use uma faca grande de chef para picar finamente os talos da alcachofra. Misture os talos em uma tigela grande com o pão ralado, a salsa, o queijo, o alho, o sal e a pimenta a gosto. Adicione um pouco de óleo e mexa para umedecer uniformemente a farinha de rosca. Prove e ajuste os temperos.

descongelamento. Separe as folhas com cuidado. Recheie levemente o centro das alcachofras com a mistura de pão ralado, acrescentando também um pouco de recheio entre as folhas. Não embale o recheio.

3.Coloque as alcachofras em uma panela grande o suficiente para mantê-las em pé. Adicione água a uma profundidade de 3/4 de polegada ao redor das alcachofras. Regue as alcachofras com 3 colheres de sopa de azeite.

quatroTampe a panela e leve ao fogo médio. Quando a água ferver, abaixe o fogo. Cozinhe por aprox. 40 a 50 minutos (dependendo do tamanho das alcachofras), ou até que o fundo das alcachofras fique macio ao ser perfurado com uma faca e uma folha se solte facilmente. Adicione mais água quente, se necessário, para evitar queimaduras. Sirva quente ou em temperatura ambiente.

Alcachofras recheadas sicilianas

carciofi alla siciliana

Rende 4 porções

O clima quente e seco da Sicília é perfeito para o cultivo de alcachofras. As plantas, que têm folhas serrilhadas e prateadas, são muito bonitas e muitas pessoas as utilizam como arbustos ornamentais em seus jardins domésticos. No final da safra, as alcachofras restantes da planta se abrem, revelando a touceira totalmente madura no centro, roxa e espessa.

Esse é o jeito siciliano de rechear alcachofras, que é mais complexo que isso.Alcachofras recheadasprescrição. Sirva como entrada acompanhando peixe grelhado ou um pedaço de cordeiro.

4 maneirasalcachofras, preparado para recheio

11/2 xícara de pão ralado

4 filés de anchova finamente picados

2 colheres de sopa de alcaparras picadas e escorridas

2 colheres de sopa de pinhões torrados

2 colheres de sopa de passas douradas

2 colheres de sopa de salsa fresca picada

1 dente de alho grande, picado finamente

Sal e pimenta preta moída na hora

4 colheres de sopa de azeite

11/2 xícara de vinho branco seco

Água

1.Misture o pão ralado, as anchovas, as alcaparras, os pinhões, as passas, a salsa, o alho, o sal e a pimenta em uma tigela média. Adicione duas colheres de sopa de óleo.

descongelamento.Separe as folhas com cuidado. Recheie levemente as alcachofras com a mistura de pão ralado, acrescentando também um pouco de recheio entre as folhas. Não embale o recheio.

3. Coloque as alcachofras em uma panela grande o suficiente para que fiquem em pé. Adicione água a uma profundidade de 3/4 de polegada ao redor das alcachofras. Regue com as 2 colheres de sopa restantes de óleo. Despeje o vinho em volta das alcachofras.

quatro Tampe a panela e leve ao fogo médio. Quando a água ferver, abaixe o fogo. Cozinhe por 40 a 50 minutos (dependendo do tamanho das alcachofras) ou até que o fundo das alcachofras fique macio ao ser perfurado com uma faca e uma folha se solte facilmente. Adicione mais água quente, se necessário, para evitar queimaduras. Sirva quente ou em temperatura ambiente.

Espargos "na frigideira"

Espargos estilo Padella

Rende 4 a 6 porções

Este aspargo é rápido para fritar. Adicione alho picado ou ervas frescas, se desejar.

3 colheres de sopa de azeite

1 quilo de aspargos

Sal e pimenta preta moída na hora

2 colheres de sopa de salsa fresca picada

1. Corte o fundo dos aspargos onde o caule passa de branco para verde. Corte os aspargos em pedaços de 2 cm.

descongelamento. Em uma frigideira grande, aqueça o azeite em fogo médio. Adicione os aspargos e tempere com sal e pimenta a gosto. Cozinhe por 5 minutos, mexendo sempre, ou até que os aspargos estejam levemente dourados.

3.Tampe a panela e cozinhe por mais 2 minutos ou até que os aspargos estejam macios. Adicione a salsa e sirva imediatamente.

Espargos em azeite e vinagre

salada de aspargos

Rende 4 a 6 porções

Assim que aparecem as primeiras lanças cultivadas localmente, na primavera, preparo-as desta forma e em grandes quantidades para satisfazer os desejos que se desenvolveram durante o longo inverno. Misture os aspargos no molho ainda quente para absorver o sabor.

1 quilo de aspargos

Sal

11/4 xícara de azeite extra virgem

1 a 2 colheres de sopa de vinagre de vinho tinto

pimenta preta moída na hora

1. Corte o fundo dos aspargos onde o caule passa de branco para verde. Leve cerca de 5 centímetros de água para ferver em uma frigideira grande. Adicione os aspargos e sal a

gosto. Cozinhe até que os aspargos dobrem ligeiramente ao removê-los da ponta do caule, 4 a 8 minutos. O tempo de cozimento dependerá da espessura dos aspargos. Remova os pinos com um alicate. Escorra em papel absorvente e seque.

descongelamento. Em uma tigela grande, misture o azeite, o vinagre, uma pitada de sal e uma quantidade generosa de pimenta. Bata com um garfo até incorporar. Adicione os aspargos e misture delicadamente até revestir. Sirva quente ou em temperatura ambiente.

Espargos com manteiga de limão

espargos com burro

Rende 4 a 6 porções

Os espargos preparados desta forma básica combinam com quase tudo, desde ovos a peixe e carne. Adicione cebolinha fresca picada, salsa ou manjericão à manteiga para variar.

1 quilo de aspargos

Sal

2 colheres de sopa de manteiga sem sal derretida

1 colher de sopa de suco de limão fresco

pimenta preta moída na hora

1.Corte o fundo dos aspargos onde o caule passa de branco para verde. Leve cerca de 5 centímetros de água para ferver em uma frigideira grande. Adicione os aspargos e sal a gosto. Cozinhe até que os aspargos dobrem ligeiramente ao removê-los da ponta do caule, 4 a 8 minutos. O tempo de cozimento dependerá da espessura dos aspargos. Remova os pinos com um alicate. Escorra-os em papel absorvente e seque-os.

descongelamento. Limpe a panela. Adicione a manteiga e cozinhe em fogo médio até derreter, cerca de 1 minuto. Adicione o suco de limão. Devolva os aspargos à panela. Polvilhe com pimenta e misture delicadamente para cobrir com o molho. Sirva imediatamente.

Rende 4 a 6 porções

Os espargos cozidos ficam maravilhosos quando servidos em temperatura ambiente com vários molhos. São ideais para um jantar porque podem ser preparados com antecedência. Não importa se é grosso ou fino, tente comprar aspargos do mesmo tamanho para que cozinhem por igual.

maionese de azeite,maionese de laranja, qualquer um delesmolho verde

1 quilo de aspargos

Sal

1.Prepare molho(s), se necessário. Em seguida, corte o fundo dos aspargos onde o caule passa de branco para verde.

descongelamento. Leve cerca de 5 centímetros de água para ferver em uma frigideira grande. Adicione os aspargos e sal a gosto. Cozinhe até que os aspargos dobrem ligeiramente ao removê-los da ponta do caule, 4 a 8 minutos. O tempo de cozimento dependerá da espessura dos aspargos.

3.Remova os pinos com um alicate. Escorra-os em papel absorvente e seque-os. Sirva os aspargos em temperatura ambiente com um ou mais molhos.

Espargos com alcaparras e vinagrete de ovo

Espargos com Caperi e Uove

Rende 4 a 6 porções

No Trentino-Alto Adige e no Vêneto, os espargos brancos e grossos são um ritual de primavera. São fritos e cozidos, adicionados a risotos, sopas e saladas. O molho de ovo é um condimento típico, como este com suco de limão, salsa e alcaparras.

1 quilo de aspargos

Sal

1 1/4 xícara de azeite

1 colher de chá de suco de limão fresco

pimenta moída na hora

1 ovo cozido, em cubos

2 colheres de sopa de salsa fresca picada

1 colher de sopa de alcaparras, enxaguadas e escorridas

1.Corte o fundo dos aspargos onde o caule passa de branco para verde. Leve cerca de 5 centímetros de água para ferver em uma frigideira grande. Adicione os aspargos e sal a gosto. Cozinhe até que os aspargos dobrem ligeiramente ao removê-los da ponta do caule, 4 a 8 minutos. O tempo de cozimento dependerá da espessura dos aspargos. Remova os pinos com um alicate. Escorra-os em papel absorvente e seque-os.

descongelamento.Em uma tigela pequena, misture o azeite, o suco de limão e uma pitada de sal e pimenta. Adicione os ovos, a salsa e as alcaparras.

3.Disponha os aspargos em uma tigela e regue com o molho. Sirva imediatamente.

Espargos com parmesão e manteiga

Espargos à parmegiana

Rende 4 a 6 porções

Às vezes é chamado de asparagi alla Milanese (espargos ao estilo milanês), embora seja consumido em muitas regiões diferentes. Se você encontrar espargos brancos, eles são particularmente adequados para este tratamento.

1 libra de aspargos grossos

Sal

2 colheres de sopa de manteiga sem sal

pimenta preta moída na hora

1/2 xícara de Parmigiano-Reggiano ralado

1.Corte o fundo dos aspargos onde o caule passa de branco para verde. Leve cerca de 5 centímetros de água para ferver em uma frigideira grande. Adicione os aspargos e sal a gosto. Cozinhe até que os aspargos dobrem ligeiramente ao removê-los da ponta do caule, 4 a 8 minutos. O tempo de cozimento dependerá da espessura dos aspargos. Remova os pinos com um alicate. Escorra-os em papel absorvente e seque-os.

descongelamento. Coloque uma gradinha no centro do forno. Pré-aqueça o forno a 450 ° F. Unte uma assadeira grande.

3.Disponha os aspargos lado a lado em uma assadeira, sobrepondo-os levemente. Regue com manteiga e polvilhe com pimenta e queijo.

quatroAsse por 15 minutos ou até o queijo derreter e dourar. Sirva imediatamente.

Pacotes de espargos e presunto

fagottini de espargos

Rende 4 porções

Para um prato mais farto, às vezes enfeite cada embalagem com rodelas de Fontina Val d'Aosta, mussarela ou outro queijo que derreta bem.

1 quilo de aspargos

Sal e pimenta moída na hora

4 fatias de presunto italiano importado

2 colheres de manteiga

1/4 xícara de Parmigiano-Reggiano ralado

1.Corte o fundo dos aspargos onde o caule passa de branco para verde. Leve cerca de 5 centímetros de água para ferver em uma frigideira grande. Adicione os aspargos e sal a gosto. Cozinhe até que os aspargos dobrem ligeiramente ao removê-los da ponta do caule, 4 a 8 minutos. O tempo de cozimento dependerá da espessura dos aspargos. Remova os pinos com um alicate. Escorra em papel absorvente e seque.

descongelamento. Coloque uma gradinha no centro do forno. Pré-aqueça o forno a 350°F. Unte uma assadeira grande.

3.Derreta a manteiga em uma frigideira grande. Adicione os aspargos e polvilhe com sal e pimenta. Vire cuidadosamente os aspargos na manteiga com duas espátulas para que fiquem bem revestidos.

quatroDivida os aspargos em 4 grupos. Coloque cada grupo no centro de uma fatia de presunto serrano. Enrole os espargos com as pontas do presunto serrano. Coloque os pacotes em uma assadeira. Polvilhe com parmesão.

5.Cozinhe os aspargos por 15 minutos ou até o queijo derreter e formar uma crosta. Servir quente.

Espargos assados

Espargos assados

Rende 4 a 6 porções

A torrefação doura os aspargos e realça sua doçura natural. São perfeitos para grelhar carnes. Você pode retirar a carne cozida do forno e cozinhar os aspargos enquanto descansam. Use espargos grossos para esta receita.

1 quilo de aspargos

1 1/4 xícara de azeite

Sal

1.Coloque uma gradinha no centro do forno. Pré-aqueça o forno a 450 ° F. Corte o fundo dos aspargos onde o caule muda de branco para verde.

descongelamento. Disponha os aspargos em uma assadeira grande o suficiente para mantê-los em uma única camada. Regue com azeite e sal. Role os aspargos de um lado para o outro para cobri-los com óleo.

3.Asse por 8 a 10 minutos ou até que os aspargos estejam macios.

Espargos com sabayon

Espargos allo Zabaione

Rende 6 porções

Zabaglione é um creme de ovo arejado, geralmente servido doce como sobremesa. Neste caso, os ovos são batidos com vinho branco e sem açúcar e servidos sobre espargos. É uma entrada elegante para uma refeição de primavera. Descascar os aspargos é opcional, mas garante que eles fiquem macios da ponta ao caule.

11/2 libras de aspargos

2 gemas grandes

11/4 xícara de vinho branco seco

Pitada de sal

1 colher de sopa de manteiga sem sal

1.Corte o fundo dos aspargos onde o caule passa de branco para verde. Para descascar os aspargos, comece abaixo da ponta e remova a casca verde escura até a ponta do caule com um descascador rotativo.

descongelamento. Leve cerca de 5 centímetros de água para ferver em uma frigideira grande. Adicione os aspargos e sal a gosto. Cozinhe até que os aspargos dobrem ligeiramente ao removê-los da ponta do caule, 4 a 8 minutos. O tempo de cozimento dependerá da espessura dos aspargos. Remova os pinos com um alicate. Escorra em papel absorvente e seque.

3.Leve cerca de 2,5 cm de água para ferver na metade inferior de uma panela ou banho-maria. Coloque as gemas, o vinho e o sal em banho-maria ou em uma tigela refratária que caiba perfeitamente na panela, sem tocar na água.

quatroBata a mistura de ovos até incorporar bem e coloque a panela ou tigela sobre a água fervente. Bata com uma batedeira elétrica ou bata até que a mistura fique com uma cor clara e mantenha uma forma lisa quando os batedores são levantados, aprox. 5 minutos. Bata a manteiga até incorporar.

5.Despeje o molho picante sobre os aspargos e sirva imediatamente.

Espargos com Taleggio e Pinhões

Espargos com Taleggio e Pinoli

Rende 6 a 8 porções

Não muito longe da Peck's, a famosa gastronomia de Milão, fica a Trattoria Milanese. É um ótimo lugar para experimentar pratos simples e clássicos da Lombardia, como este asparago coberto com taleggio, um queijo de leite de vaca amanteigado, aromático e semidoce, feito localmente e um dos melhores queijos da Itália. Fontina ou Bel Paese podem ser substituídos se Taleggio não estiver disponível.

2 quilos de aspargos

Sal

2 colheres de sopa de manteiga sem sal derretida

6 onças de taleggio, Fontina Valle d'Aosta ou Bel Paese, cortado em pedaços pequenos

1/4 xícara de pinhões picados ou amêndoas fatiadas

1 colher de sopa de pão ralado

1.Coloque uma gradinha no centro do forno. Pré-aqueça o forno a 450°F. Unte uma assadeira de 13x9x2 polegadas.

descongelamento. Corte o fundo dos aspargos onde o caule passa de branco para verde. Para descascar os aspargos, comece abaixo da ponta e remova a casca verde escura até a ponta do caule com um descascador rotativo.

3.Leve cerca de 5 centímetros de água para ferver em uma frigideira grande. Adicione os aspargos e sal a gosto. Cozinhe até que os aspargos dobrem ligeiramente quando removidos do caule, 4 a 8 minutos. O tempo de cozimento dependerá da espessura dos aspargos. Remova os pinos com um alicate. Escorra-os em papel absorvente e seque-os.

quatroColoque os aspargos em uma assadeira. Regue com manteiga. Espalhe o queijo sobre os aspargos. Polvilhe com nozes e pão ralado.

5.Asse até que o queijo derreta e as nozes dourem, cerca de 15 minutos. Servir quente.

Timbale de espargos

espargos formatini

Rende 6 porções

Cremes sedosos como esses são uma preparação antiga, mas ainda são populares em muitos restaurantes italianos, principalmente porque são deliciosos. Praticamente qualquer vegetal pode ser preparado desta forma, e esses pequenos ramequins são perfeitos para acompanhamento vegetariano, aperitivo ou prato principal. Sformatini, literalmente "coisinhas disformes", pode ser servido simples, coberto com molho de tomate ou queijo, ou rodeado de vegetais salteados na manteiga.

1 copoMolho bechamel

1 1/2 libra de aspargos picados

3 ovos grandes

1/4 xícara de Parmigiano-Reggiano ralado

Sal e pimenta preta moída na hora

1.Prepare o bechamel se necessário. Leve cerca de 5 centímetros de água para ferver em uma frigideira grande. Adicione os aspargos e sal a gosto. Cozinhe até que os aspargos dobrem ligeiramente quando removidos do caule, 4 a 8 minutos. O tempo de cozimento dependerá da espessura dos aspargos. Remova os pinos com um alicate. Escorra-os em papel absorvente e seque-os. Corte e reserve 6 das pontas.

descongelamento. Coloque os aspargos em um processador de alimentos e bata até ficar homogêneo. Misture o ovo, o bechamel, o queijo, 1 colher de chá de sal e pimenta a gosto.

3.Coloque uma gradinha no centro do forno. Pré-aqueça o forno a 350°F. Unte generosamente com manteiga seis formas de flan ou ramequins de 180 ml. Despeje a mistura de aspargos em tigelas. Coloque as xícaras em uma assadeira grande e despeje água fervente na panela até a metade das laterais das xícaras.

quatroAsse por 50 a 60 minutos ou até que uma faca inserida no centro saia limpa. Retire os ramequins da forma e passe uma faca pequena na borda. Transforme ramequins em pratos de servir. Decore com os espargos reservados e sirva quente.

feijão estilo country

Fagioli alla Paesana

Rende cerca de 6 xícaras de feijão, porções de 10 a 12

Este é um método básico de cozimento para todos os tipos de feijão. O feijão embebido pode fermentar se for deixado em temperatura ambiente, então coloco-o na geladeira. Depois de cozido, sirva como está com um fio de azeite virgem extra ou adicione a sopas ou saladas.

1 libra de cranberries, cannellini ou outros feijões secos

1 cenoura fatiada

1 talo de aipo com folhas

1 cebola

2 dentes de alho

2 colheres de sopa de azeite

Sal

1.Lave os grãos e recolha-os para remover quaisquer grãos quebrados ou pequenas pedras.

descongelamento. Coloque o feijão em uma tigela grande com água fria para cobrir 5 centímetros. Leve à geladeira por 4 horas durante a noite.

3.Escorra o feijão e coloque-o em uma panela grande com água fria até cobrir 2,5 cm. Leve a água para ferver em fogo médio. Reduza o fogo e retire qualquer espuma que suba ao topo. Quando a espuma parar de subir, acrescente os legumes e o azeite.

quatroTampe a panela e cozinhe por 11/2 a 2 horas, acrescentando mais água se necessário, até que o feijão fique bem macio e cremoso. Adicione sal a gosto e deixe agir por cerca de 10 minutos. Descarte os vegetais. Sirva quente ou em temperatura ambiente.

feijão toscano

Stufati Fagioli

Rende 6 porções

Os toscanos são mestres na culinária de feijão. Legumes secos com ervas são cozidos em um líquido quase borbulhante. O cozimento longo e lento produz grãos macios e cremosos que mantêm sua forma durante o cozimento.

Sempre teste vários feijões para determinar se estão prontos, pois nem todos cozinharão ao mesmo tempo. Deixei o feijão descansar um pouco no fogão depois de cozinhá-lo para ter certeza de que está cozido. Eles ficam bem aquecidos e reaquecem perfeitamente.

O feijão é fantástico como acompanhamento ou em sopas, ou experimente-o em pão italiano torrado quente, esfregado com alho e regado com azeite.

8 onças de canelini, cranberries ou outros feijões secos

1 dente de alho grande, levemente picado

6 folhas frescas de sálvia ou um raminho de alecrim ou 3 raminhos de tomilho fresco

Sal

azeite extra virgem

pimenta preta moída na hora

1.Lave os grãos e recolha-os para remover quaisquer grãos quebrados ou pequenas pedras. Coloque o feijão em uma tigela grande com água fria para cobrir 5 centímetros. Leve à geladeira por 4 horas durante a noite.

descongelamento.Pré-aqueça o forno a 300 ° F. Escorra o feijão e coloque-o em um forno holandês ou outra panela funda e pesada com tampa bem justa. Adicione água fria para cobrir 2,5 cm. Adicione o alho e a sálvia. Deixe ferver em fogo baixo.

3.Cubra o prato e coloque-o na grelha central do forno. Cozinhe até que o feijão esteja bem macio, cerca de 1 hora e 15 minutos ou mais, dependendo do tipo e da idade do feijão. Verifique ocasionalmente se é necessária mais água para manter o feijão coberto. Alguns feijões podem exigir mais 30 minutos de cozimento.

quatroExperimente o feijão. Quando estiverem completamente macios, adicione sal a gosto. Deixe o feijão descansar por 10 minutos. Sirva quente com um fio de azeite e uma pitada de pimenta preta.

salada de feijão

Salada de fagioli

Rende 4 porções

Temperar os grãos enquanto estão quentes ajuda-os a absorver os sabores.

2 colheres de sopa de azeite extra virgem

2 colheres de sopa de suco de limão fresco

Sal e pimenta preta moída na hora

2 xícaras de feijão cozido quente ou enlatado, como cannellini ou feijão cranberry

1 pimentão amarelo pequeno picado

1 xícara de tomate cereja, cortado ao meio ou em quartos

2 cebolas verdes cortadas em pedaços de 1/2 polegada

1 maço de rúcula picada

1.Em uma tigela média, misture o azeite, o suco de limão, o sal e a pimenta a gosto. Escorra o feijão e adicione-o ao molho. Misture bem. Deixe descansar por 30 minutos.

descongelamento. Adicione o pimentão, o tomate e a cebola e misture. Teste e ajuste o tempero.

3.Disponha a rúcula numa tigela e cubra com a salada. Sirva imediatamente.

feijão e repolho

Fagioli e Cavolo

Rende 6 porções

Sirva como aperitivo em vez de macarrão ou sopa, ou como acompanhamento de porco ou frango assado.

2 onças de pancetta (4 fatias grossas), cortada em tiras de 1/2 polegada

2 colheres de sopa de azeite

1 cebola pequena picada

2 dentes grandes de alho

1/4 colher de chá de pimenta vermelha esmagada

4 xícaras de repolho picado

1 xícara de tomate fresco ou enlatado picado

Sal

3 xícaras de canelini ou cranberries cozidos ou enlatados, escorridos

1.Em uma frigideira grande, cozinhe a pancetta no azeite por 5 minutos. Adicione a cebola, o alho e a pimenta e cozinhe até a cebola ficar macia, cerca de 10 minutos.

descongelamento.Adicione o repolho, o tomate e o sal a gosto. Reduza o fogo e tampe a panela. Cozinhe por 20 minutos ou até que o repolho esteja macio. Adicione o feijão e cozinhe mais 5 minutos. Servir quente.

Feijão com molho de tomate e sálvia

Fagioli all'Uccelletto

Rende 8 porções

Esses feijões toscanos são cozidos da mesma forma que as aves de caça com sálvia e tomate, daí seu nome italiano.

1 quilo de canelini seco ou feijão Great Northern, enxaguado e escorrido

Sal

2 raminhos de sálvia fresca

3 dentes grandes de alho

1 1/4 xícara de azeite

3 tomates grandes, descascados, sem sementes e picados, ou 2 xícaras de tomate em lata

1. Coloque o feijão em uma tigela grande com água fria para cobrir 5 centímetros. Coloque-os na geladeira para infundir por 4 horas ou durante a noite.

descongelamento. Escorra o feijão e coloque-o em uma panela grande com água fria até cobrir 2,5 cm. Leve o líquido para ferver. Cubra e cozinhe até que o feijão esteja macio, 11/2 a 2 horas. Adicione sal a gosto e deixe agir por 10 minutos.

3.Em uma panela grande, cozinhe a sálvia e o alho no azeite em fogo médio e amasse o alho com as costas de uma colher até dourar, cerca de 5 minutos. Adicione os tomates.

quatroEscorra o feijão, reservando o líquido. Adicione o feijão ao molho. Cozinhe por 10 minutos, acrescentando um pouco do líquido reservado se o feijão secar. Sirva quente ou em temperatura ambiente.

Caçarola de grão de bico

Cecil para Zimino

Rende 4 a 6 porções

Este ensopado farto fica bom sozinho, ou você pode adicionar macarrão cozido ou arroz e água ou caldo para fazer uma sopa.

1 cebola média picada

1 dente de alho picado

4 colheres de sopa de azeite

1 libra de acelga ou espinafre, aparado e picado

Sal e pimenta preta moída na hora

31/2 xícaras de grão de bico cozido ou enlatado, escorrido

azeite extra virgem

1.Em uma panela média, refogue a cebola e o alho no azeite em fogo médio até dourar, 10 minutos. Adicione a acelga e sal a gosto. Cubra e cozinhe por 15 minutos.

descongelamento. Adicione o grão de bico com um pouco do líquido do cozimento ou água e tempere a gosto. Cubra e cozinhe por mais 30 minutos. Mexa de vez em quando e amasse alguns grãos de bico com as costas de uma colher. Adicione um pouco mais de líquido se a mistura ficar muito seca.

3.Deixe esfriar um pouco antes de servir. Regue com um pouco de azeite virgem extra, se desejar.

Feijão com legumes amargos

Favorito e Cicoria

Rende 4 a 6 porções

O feijão seco tem sabor terroso e levemente amargo. Na hora de comprá-los procure a variedade descascada. São um pouco mais caros, mas valem a pena para prevenir calosidades. Eles também cozinham mais rápido do que o feijão com casca. Você pode encontrar feijão seco com casca em mercados étnicos e especializados em alimentos saudáveis.

Esta receita vem da Puglia, onde é praticamente o prato nacional. Qualquer tipo de verde amargo pode ser usado, como radicchio, brócolis rabe, nabo ou dente-de-leão. Gosto de adicionar uma pitada de pimenta vermelha amassada aos vegetais enquanto cozinho, mas isso não é tradicional.

8 onças de feijão seco, descascado, enxaguado e escorrido

1 batata média cozida, descascada e cortada em pedaços de 2,5 cm

Sal

1 libra de folhas de radicchio ou dente de leão, aparadas

11/4 xícara de azeite extra virgem

1 dente de alho picado

pitada de pimenta vermelha esmagada

1. Coloque o feijão e as batatas em uma panela grande. Adicione água fria para cobrir 1/2 polegada. Deixe ferver e cozinhe até que o feijão esteja bem macio e desmanchando e toda a água tenha sido absorvida.

descongelamento. Adicione sal a gosto. Amasse o feijão com as costas de uma colher ou espremedor de batatas. Adicione o óleo.

3. Leve uma panela grande com água para ferver. Adicione os legumes e sal a gosto. Cozinhe até ficar macio, dependendo da variedade de vegetais, de 5 a 10 minutos. Seque bem.

quatro Seque a panela. Adicione o azeite, o alho e a pimenta vermelha esmagada. Cozinhe em fogo médio até o alho dourar, cerca de 2 minutos. Adicione os legumes escorridos e sal a gosto. Misture bem.

5.Espalhe o purê em um prato de servir. Coloque os legumes por cima. Regue com mais azeite, se desejar. Sirva quente ou morno.

Feijão Romano Fresco

Favorito alla Romana

Rende 4 porções

As favas frescas em suas vagens são um importante vegetal de primavera no centro e sul da Itália. Os romanos gostam de tirá-los da casca e comê-los crus com um pecorino jovem. O feijão vermelho também é cozido com outros vegetais da primavera, como ervilhas e alcachofras.

Se os grãos forem muito jovens e macios, não há necessidade de descascar a casca fina que cobre cada feijão. Experimente comer um com pele e outro sem pele para determinar se estão macios.

O sabor e a textura do feijão fresco são completamente diferentes dos feijões secos, por isso não os substitua. Se você não conseguir encontrar feijão fresco, procure feijão congelado, que é vendido em muitos mercados da Itália e do Oriente Médio. Feijão fresco ou congelado também funciona bem neste prato.

1 cebola pequena, finamente picada

4 onças de bacon em cubos

2 colheres de sopa de azeite

4 libras de feijão fresco, sem casca (cerca de 3 xícaras)

Sal e pimenta preta moída na hora

$1$1/4 xícara de água

1.Em uma frigideira média, refogue a cebola e a pancetta no azeite em fogo médio por 10 minutos ou até dourar.

descongelamento. Adicione o feijão e sal e pimenta a gosto. Adicione a água e abaixe o fogo. Tampe a panela e cozinhe por 5 minutos ou até que o feijão esteja quase macio.

3.Descubra a panela e cozinhe até que o feijão e a pancetta estejam levemente dourados, cerca de 5 minutos. Servir quente.

Feijão fresco da Úmbria

Scafata

Rende 6 porções

As vagens do feijão devem ser firmes e crocantes, não enrugadas ou moles, o que indica que estão muito velhas. Quanto menor a vagem, mais macios são os grãos. Calcule 1 quilo de feijão fresco na vagem para 1 xícara de feijão com casca.

2½ libras de feijão fresco, sem casca ou 2 xícaras de feijão congelado

1 libra de acelga, aparada e cortada em tiras de 1/2 polegada

1 cebola picada

1 cenoura média picada

1 costela de aipo picada

1 1/4 xícara de azeite

1 colher de chá de sal

pimenta preta moída na hora

1 tomate médio maduro, descascado, sem sementes e picado

1.Combine todos os ingredientes, exceto o tomate, em uma
panela média. Tampe e cozinhe, mexendo ocasionalmente,
por 15 minutos ou até que o feijão esteja macio. Adicione
um pouco de água se os vegetais começarem a grudar.

descongelamento. Adicione o tomate e cozinhe descoberto
por 5 minutos. Servir quente.

Brócolis com azeite e limão

Brócolis Agro

Rende 6 porções

Esta é a forma básica de servir muitos tipos de vegetais cozidos no sul da Itália. São sempre servidos à temperatura ambiente.

11/2 libras de brócolis

Sal

11/4 xícara de azeite extra virgem

1 a 2 colheres de sopa de suco de limão fresco

Fatias de limão, para decorar

1. Corte os brócolis em floretes grandes. Corte as pontas das hastes. Remova a casca dura com um descascador de legumes rotativo. Corte hastes grossas transversalmente em fatias de 1/4 de polegada.

descongelamento. Leve uma panela grande com água para ferver. Adicione brócolis e sal a gosto. Cozinhe até que os brócolis estejam macios, 5 a 7 minutos. Escorra e deixe esfriar um pouco em água fria corrente.

3.Regue os brócolis com azeite e suco de limão. Decore com rodelas de limão. Sirva em temperatura ambiente.

Brócolis estilo Parma

parmegiana de brócolis

Rende 4 porções

Para variar, você pode preparar este prato com uma combinação de couve-flor e brócolis.

11/2 libras de brócolis

Sal

3 colheres de sopa de manteiga sem sal

pimenta preta moída na hora

1/2 xícara de Parmigiano-Reggiano ralado

1. Corte os brócolis em floretes grandes. Corte as pontas das hastes. Remova a casca dura com um descascador de legumes rotativo. Corte hastes grossas transversalmente em fatias de 1/4 de polegada.

descongelamento. Leve uma panela grande com água para ferver. Adicione brócolis e sal a gosto. Cozinhe até que o brócolis esteja parcialmente cozido, cerca de 5 minutos. Escorra e deixe esfriar em água fria.

3. Coloque uma gradinha no centro do forno. Pré-aqueça o forno a 375°F. Unte uma assadeira grande o suficiente para acomodar os brócolis.

quatro Disponha os espetos no prato preparado, sobrepondo-os ligeiramente. Regue com manteiga e polvilhe com pimenta. Polvilhe com queijo por cima.

5. Asse por 10 minutos ou até o queijo derreter e dourar levemente. Servir quente.

Milton Keynes UK
Ingram Content Group UK Ltd.
UKHW020926231123
433129UK00016B/959